易经

(西周) 姬昌 / 著
卢安 / 译注

沈阳出版发行集团
沈阳出版社

图书在版编目(CIP)数据

易经 / (西周) 姬昌著；卢安译注. -- 沈阳：沈阳出版社，2025.1. -- ISBN 978-7-5716-4507-6

Ⅰ. B221

中国国家版本馆 CIP 数据核字第 2024S2F717 号

出版发行：沈阳出版发行集团｜沈阳出版社
　　　　　（地址：沈阳市沈河区南翰林路 10 号　邮编：110011）
网　　　址：http://www.sycbs.com
印　　　刷：三河市兴达印务有限公司
幅面尺寸：155mm×220mm
印　　　张：20
字　　　数：300 千字
出版时间：2025 年 1 月第 1 版
印刷时间：2025 年 1 月第 1 次印刷
责任编辑：代雪华　李　霞
装帧设计：三石工作室
责任校对：李　英
责任监印：杨　旭
书　　　号：ISBN 978-7-5716-4507-6
定　　　价：68.00 元

联系电话：024-62564943　24112447
E - mail：sy24112447@163.com

本书若有印装质量问题，影响阅读，请与出版社联系调换。

前　言

《易经》是阐述天地世间万象变化的古老经典，早期有三部，分别是《连山易》《归藏易》和《周易》。《连山易》是最早的一本易书，相传是伏羲所创，主要讲阴阳卦的对峙。《归藏易》是第二本易书，相传是黄帝所创，主要讲阴阳卦的转化。《周易》是第三本易书，相传是周文王姬昌所创，主要讲阴阳卦的变化。

其中《连山易》《归藏易》已经失传，现存于世的只有《周易》。所以《周易》也可以称为《易经》，因为其他两部已经丢失。对于书名的含义，人们曾作过多种诠释。东汉魏伯阳说："日月之谓易。"这里的"日月"借指阴阳，意思是阴阳之间的此消彼长。东汉儒家学者、经学家郑玄则认为它具有"易简""变易"和"不易"三种内涵。

《易经》由"经"与"传"两部分构成组成。"经"又分为卦、卦辞和爻辞三部分。自汉代以来，译注者就将《易经》分为上经和下经两大部分。其中上经三十卦，从"乾"卦到"离"卦，下经三十四卦，从"咸"卦到"未济"卦，上下经共六十四卦组成完整的《易经》。

卦是用来象征宇宙万物运动变化图式的一套符号系统。它由阴爻和阳爻两个基本符号相互配合而构成。卦有三爻卦和六爻卦两类。三爻卦共八个，即乾、坤、震、巽、坎、离、艮、兑，合称八卦。六爻卦是由八卦两两重叠而成，共六十四个，也各有名称和符号，合称六十四卦。辞就是通常所说的"经文"或"古经"。卦辞、爻辞则分别揭示每卦、每爻的意义。"传"是解"经"的文字，共十篇，也称十翼。

阴、阳两爻的归纳，是一个重大的创造，它们反映了世界万物既对立又统一的辩正关系，也可以视之为天地万物的基因，它们之间的相互作用，造成了整个宇宙和人间的"运行不息，变化无穷"。

《易经》原是一部占筮之书，爻象和爻辞之间的对应安排，本没有必然的逻辑联系。人们为了揭开其间的"奥秘"，从"易传"开始，逐渐将《易经》哲理化，虽未形成一套完整的逻辑体系，但是却形成了一套深刻的世界观和方法论，极大地发展了中国人的辩证思维，对我国的政治、伦理、艺术、科学和文化生活，产生了深远的影响。

这种影响是深层次和潜在的，如书中倡导的谦虚谨慎、勤恳诚实、积极作为、刚健柔顺、自强不息精神等早已内化为民族性格，积淀为民族文化心理结构，同时也是民族精神的象征和集中体现，奠定了中华民族的文化传统。中国文化传统中强烈的主体意识、自觉意识、忧患意识、革新意识、危机意识等，历来为不同时期的仁人志士所奉行赞赏，并成为激励他们发愤图强和积极探索的一股强大的精神推动力。

同时，《易经》还塑造了我国的民族性格和民族心理，重塑了我们的思维方式。中华民族思维上的直觉性、整体性、具象性特点，均能找到《易经》思维的影子。这种思维方式强调自然界、人类社会和人本身的相互联系、相互影响和浑然一体，强调人与自然的和谐相处。总之，《易经》对我国的方方面面都有深远的影响，人们无论在意识形态方面还是日常生活领域都从它那里获益匪浅。

本书包括《易经》的原文、注释、解读等内容，非常适合领会作品的深刻内涵，十分适合广大读者阅读，认真学习本书对于我们理解传统文化、塑造个人价值观、推动社会进步和发展都具有重要意义。

目　录

上　经

乾卦第一 ……………………………………………………… 1
坤卦第二 ……………………………………………………… 14
屯卦第三 ……………………………………………………… 22
蒙卦第四 ……………………………………………………… 26
需卦第五 ……………………………………………………… 30
讼卦第六 ……………………………………………………… 34
师卦第七 ……………………………………………………… 39
比卦第八 ……………………………………………………… 43
小畜卦第九 …………………………………………………… 47
履卦第十 ……………………………………………………… 51
泰卦第十一 …………………………………………………… 55
否卦第十二 …………………………………………………… 59

同人卦第十三 ································ 63

大有卦第十四 ································ 68

谦卦第十五 ···································· 72

豫卦第十六 ···································· 76

随卦第十七 ···································· 80

蛊卦第十八 ···································· 84

临卦第十九 ···································· 88

观卦第二十 ···································· 92

噬嗑卦第二十一 ···························· 96

贲卦第二十二 ······························ 100

剥卦第二十三 ······························ 104

复卦第二十四 ······························ 108

无妄卦第二十五 ·························· 112

大畜卦第二十六 ·························· 116

颐卦第二十七 ······························ 120

大过卦第二十八 ·························· 124

坎卦第二十九 ······························ 128

离卦第三十 ·································· 132

下　经

咸卦第三十一 ······························ 137

恒卦第三十二 ······························ 141

遁卦第三十三 ·············· 146

大壮卦第三十四 ············ 151

晋卦第三十五 ·············· 155

明夷卦第三十六 ············ 160

家人卦第三十七 ············ 164

睽卦第三十八 ·············· 169

蹇卦第三十九 ·············· 175

解卦第四十 ················ 180

损卦第四十一 ·············· 185

益卦第四十二 ·············· 190

夬卦第四十三 ·············· 196

姤卦第四十四 ·············· 202

萃卦第四十五 ·············· 207

升卦第四十六 ·············· 213

困卦第四十七 ·············· 218

井卦第四十八 ·············· 223

革卦第四十九 ·············· 229

鼎卦第五十 ················ 235

震卦第五十一 ·············· 241

艮卦第五十二 ·············· 246

渐卦第五十三 ·············· 251

归妹卦第五十四 ············ 257

丰卦第五十五 ……………………………… 262

旅卦第五十六 ……………………………… 268

巽卦第五十七 ……………………………… 273

兑卦第五十八 ……………………………… 278

涣卦第五十九 ……………………………… 283

节卦第六十 ………………………………… 288

中孚卦第六十一 …………………………… 293

小过卦第六十二 …………………………… 298

既济卦第六十三 …………………………… 303

未济卦第六十四 …………………………… 308

上　经

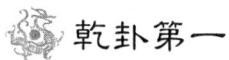乾卦第一

☰ 乾下
☰ 乾上

【题解】

　　本篇综括全书，论述了事物的发展过程和变化规律，卦象以六十四卦的纯阳之数☰表示天。其用为乾，乾的含义是健，而天在古代指的是太阳，太阳运转不息，永放光芒，其特征与"健"正好吻合。《象》曰："天行健。"言天道刚健运行不息也。《易经》六十四卦，《乾》卦排在第一，说明《易经》强调阳刚力量在决定事物发展的矛盾中居于主要地位。爻辞则以龙为喻，象征天道变化莫测及蕴藏着无穷的潜力。

　　本卦六爻从初九到上九，显示了阳刚力量从萌发到成长、旺盛以至面临衰弱的起伏过程。从象征寓意的角度看，《乾》卦勉励人应立足于奋发进取，但进取方向要注意顺应形势，或向外以建立功业，或向内以提高德行。

　　乾①：元亨、利贞②。

【注释】

① 乾：卦名。象征天。《周易》以卦为单位，全书共六十四卦。每卦有四个组成部分，即卦画、卦名、卦辞、爻辞。

② 元亨、利贞：这四字放在卦名后面，称作卦辞，作用是概述一卦的含义。《易卦》的卦、爻之辞可以从很多角度上进行分析。本卦卦辞表示乾就是健，其本质特点是事物运动变化的自主性、永恒性。

【译文】

《乾卦》：象征天的纯阳至健的性质，特点是元始、发展、成熟和收藏。

《彖（tuàn）》曰①：大哉乾元，万物资始，乃统天。云行雨施，品物流形。大明终始，六位时成，时乘六龙以御天。乾道变化，各正性命。保合大和，乃利贞。首出庶物，万国咸宁。

【注释】

① 彖：解释卦辞的话，称《彖传》。

【译文】

《彖传》说：伟大啊！上天的开创之功。万物靠它滋生，大自然由它统率。云飘雨降，万物繁殖，赋予形体。太阳落而复升，《乾卦》的六爻也因时不同。六爻就像六条龙一样，其变化发展反映自然界的变化发展，其不同乃是因为所处的位置和机遇不同，故应依时而动，把握时机。万事万物的发展应符合大自然变化的规律，安于自己应有的位置，保持阴阳会合之元气，才能顺利成长。上天的功德超出万物，给天下带来普遍的康宁。

《象》曰①：天行健，君子以自强不息②。

【注释】

① 《象》：易传名，十翼之一。它主要是依据卦象、爻位，对卦辞和爻辞进行解释、评价、推衍。其内容贯穿着儒家政治伦理思想。

② 天行：王引之说："行，道也。天行谓天道也。"君子，指德才兼备的人。

【译文】

《象传》说：天道刚健，运行周而复始，永不止息。君子应效法天道，自强不息。

初九①：潜龙勿用②。

《象》曰：潜龙勿用，阳在下也。

【注释】

① 初九：爻名，或称爻题。易卦的爻题，以"九"标示阳爻，卦画符号是"—"；以"六"标示阴爻，卦画符号是"--"。又以初、二、三、四、五、上标示从下至上各爻的顺序。就各爻在全卦中的关系而言，初、三、五为阳位，二、四、上为阴位；而二、五又分为下卦与上卦的中位，初、四分为下卦与上卦的下位，三、上分为下卦与上卦的上位。《文言》还将二看作地位，五看作天位，三看作人位。阴爻、阳爻在这些位置上的分布构成了一定的爻位关系。爻位关系是分析各爻意义的一种重要依据。

② 潜龙勿用：指龙潜水下，暂且难有作为。比喻君子压抑于

下层，韬光养晦等待时机。

【译文】

初九：龙潜伏在水底，养精蓄锐，暂时还不能有所作为。

《象传》说：龙潜伏在水中，养精蓄锐，暂时还不能有所作为。是因为此爻位置最低，阳气不能散发出来的缘故。

九二：见龙在田①，利见大人②。

《象》曰：见龙在田，德施普也。

【注释】

① 见龙：见，现。见龙，即龙现。

② 利见：有利出现。

【译文】

九二：龙出现在大地上，有利于会见王公贵族。

《象传》说：龙已出现在大地上，犹如阳光普照，天下人普遍得到恩惠。

九三：君子终日乾乾，夕惕若，厉，无咎。

《象》曰：终日乾乾，反复道也。

【译文】

九三：君子整天勤奋努力，夜晚随时警惕着，这样即使遇到危险，但终究没有灾难。

《象传》说：整天自强不息，是因为要反复行道，不敢有丝毫大意。

九四：或跃在渊，无咎。

《象》曰：或跃在渊，进无咎也。

【译文】

九四：龙或腾跃而起，或退居于深渊，均没有灾难。

《象传》说：龙或腾跃而起，或退居于深渊，表示可以有所作为而没有灾难。

九五：飞龙在天，利见大人。

《象》曰：飞龙在天，大人造也。

【译文】

九五：龙飞上了高空，有利于会见王公贵族。

《象传》说：龙飞上了高空，意味着君子一定会有所作为。

上九：亢龙有悔

《象》曰：亢龙有悔，盈不可久也。

【译文】

上九：龙飞到了极限的地方，会有灾祸之困。

《象传》说：龙飞到了极限的地方，会有灾祸之困，因为物极必反，居高盈满是不可能长久保持的。

用九①：见群龙无首，吉。

《象》曰：用九天德，不可为首也。

【注释】

① 用九：《乾卦》特有的爻题。汉帛书《周易》作"迵九"。迵，通。用九即为通九，犹言六爻皆九。属阳性，表示全阳爻将尽变为阴爻。

【译文】

用九：出现群龙谁也不愿为首的现象，是很吉利的。

《象传》说：六爻全阳，纯阳纯刚正是天道之性，至高无上，不可能再有别的首领。

《文言》曰①：元者，善之长也。亨者，嘉之会也②。利者，义之和也。贞者，事之干也。君子体仁足以长人，嘉会足以合礼，利物足以和义，贞固足以干事。君子行此四德者，故曰："乾：元、亨、利、贞。"

【注释】

① 《文言》：十翼之一，专门诠释乾、坤两卦的义理。据说为孔子所作。

② 嘉：《说文》："嘉，美也。"

【译文】

《文言》说：元，是众善的首领。亨，是众美的荟萃。利，是仁义之聚合。贞，是事业成功的根本。君子以仁作为立身处事的根本，则可以号召众人；待人以礼，则具备美好的秉性；施利于人，则符合道义；办事机智，则可以成就事业。君子若能具备以上四种美德，就是达到了如《乾卦》所说的"元、亨、利、贞。"

初九曰:"潜龙勿用。"何谓也?子曰:"龙,德而隐者也。不易乎世,不成乎名,遁世无闷①,不见是而无闷。乐则行之,忧则违之,确乎其不可拔,潜龙也。"

【注释】

① 遁世无闷:犹言甘心隐居,无所烦闷。

【译文】

初九的爻辞说:"龙潜伏在水中,养精蓄锐,暂时还不能发挥作用。"说的是什么意思呢?孔子说:"龙是比喻具有高尚品德却隐居起来的君子。这些人不因世俗的成见而改变志向,不计较功名,隐居起来不感到苦闷,不被人了解也不感到苦闷。符合心意的事坚决去做,违心的事坚决不做,任凭什么力量也不能动摇,这就是所谓的潜伏在水中的龙。

九二曰:"见龙在田,利见大人。"何谓也?子曰:"龙,德而中正者也。庸言之信,庸行之谨,闲邪存其诚,善世而不伐,德博而化。《易》曰:'见龙在田,利见大人。'君德也。"

【译文】

九二的爻辞说:"龙已出现在大地上,有利于会见王公贵族。"说的是什么意思呢?孔子说:"这是指具有龙一样的品德,立身中正的君子,日常言论讲究诚信,日常行为讲究谨慎,能防止外界影响而保持诚信,做了好事从来不自夸,各种美好的德行能够使天下感化。《周易》

该爻辞所说的'龙已出现在大地上,有利于会见王公贵族。'是指将会出现具备了君主美德的贤者。"

九三曰:"君子终日乾乾,夕惕若,厉,无咎。"何谓也?子曰:"君子进德俯业。忠信,所以进德也。修辞立其诚,所以居业也。知至至之,可与言几也。知终终之,可与存义也。是故居上位而不骄,在下位而不忧。故乾乾因其时而惕,虽危无咎矣。"

【译文】

九三的爻辞说:君子整天勤奋努力,晚上也随时警惕着,这样即使遇到危险,但终究没有灾难。"说的是什么意思呢?孔子说:"这是说君子应讲究品德,增进学业。以忠信来培养品德,以修饰言辞来建立诚信,这是操持事业的根本。知道事业可以发展就发展它,便可以见微而知著。知道事业应该终止而及时终止,便可以保持行为的道义。这样才能做到身居高位不骄傲,身居底层不忧愁。这也就是此卦爻辞所说的,整天勤奋努力,时刻警惕,即使遇到危险,但终究没有灾难。"

九四曰:"或跃在渊,无咎。"何谓也?子曰:"上下无常,非为邪也。进退无恒,非离群也。君子进德修业,欲及时也。故无咎。"

【译文】

九四的爻辞说:"龙或腾跃而起,或退居于深渊,均没有灾难。"说的是什么意思呢?孔子说:"上下的变化并没有一定的规律,并不是什么行为邪恶的缘故。进退并不是恒定的,也要依形势而定,并不喜爱离群索居的缘故。君子讲究品德,增进学业都要审时度势,只要能因势而行，那么必然不会有灾难的了。"

九五曰："飞龙在天，利见大人"，何谓也？子曰："同声相应，同气相求；水流湿，火就燥；云从龙，风从虎，圣人作而万物睹。本乎天者亲上，本乎地者亲下，则各从其类也。"

【译文】

九五的爻辞说："龙飞上了高空，有利于会见王公贵族。"说的是什么意思呢？孔子说："同类之声相呼应，同样之气相聚合。水流向湿处，火烧向干处。云随龙而出，风从虎而现。圣人一旦出现，万民敬仰。这些都是因为高者亲近于天，低者亲近于地，即物以类聚、人以群分的道理。"

上九曰："亢龙有悔。"何谓也？子曰："贵而无位，高而无民，贤人在下位而无辅，是以动而有悔也。"

【译文】

上九的爻辞说："龙飞到了极限的地方，会有灾祸之困。"说的是什么意思呢？孔子说："这好比陷入那种受尊崇但无实权，高高在上但不理民事，虽有贤人但地位低下，因此无人辅佐的境况，因而一旦有所举动则必招祸殃。"

"潜龙勿用"，下也。"见龙在田"，时舍也。"终日乾乾"，行事也。"或跃在渊"，自试也。"飞龙在天"，上治也。"亢龙有悔"，穷之灾也①。"乾元用九"，天下治也。

【注释】

① 穷之灾：犹言事物发展到极限，必遭穷困之灾。穷，极限。

【译文】

"龙潜伏在水中，养精蓄锐，暂时还不能发挥作用"，是因为地位低下。"龙已出现在大地上"，是说明暂时隐伏而等待时机。"整天勤奋努力"，是说君子修身养性、自强不息。"龙腾跃而起，或退居于深渊"，是说君子投身社会自我考验。"龙飞上了高空"，是说君子获得治国的地位。"龙飞到了极限的地方，将会有灾殃"，是说物极必反，事业将由盛转衰。"乾元用九"这一爻，说明天下必将大治。

"潜龙勿用"，阳气潜藏。"见龙在田"，天下文明。"终日乾乾"，与时偕行。"或跃在渊"，乾道乃革。"飞龙在天"，乃位乎天德。"亢龙有悔"，与时偕极。"乾元""用九"，乃见天则①。

【注释】

① 天则，天道运行的法则，亦即自然之法则。

【译文】

"龙潜伏在水中，养精蓄锐，暂时还不能发挥作用，"是因为这时阳气潜藏。"龙已出现在大地上"，说明阳气出现，万物生长，风光明媚。"整天勤奋努力"，说明要万物蓬勃，与时俱进。"龙或腾跃而起，或退居于深渊"，是说处于变革之时，天道要发生变化。"龙飞上了高空"，说明天的功德已经功圆满完成。"龙飞到了极限的地方，将会有灾殃"，说明物极必反，阳气将由盛转衰，终将走向反面。"乾元用九"的爻辞，是说明天道循环，是自然的法则。

乾元者，始而亨者也，利贞者，性情也。乾始能以美利利天下，不言所利，大矣哉！大哉乾乎！刚健中正，纯粹精也。六爻发挥，旁通情也。时乘六龙，以御天也。云行雨施，天下平也。

【译文】

《乾卦》的卦辞：元、亨，是说天具有生成万物，和谐之美。利、贞，是说天具有恩惠之情，永恒之性。天给普天下带来恩惠，而不居功自傲，伟大呀！伟大的天！刚强稳健中正，品德纯粹至极。六爻发挥作用，广通天道、地道、人道的情状。乾德按时乘着六龙驾的车子巡行天上。风调雨顺，天下太平。

君子以成德为行，日可见之行也。"潜"之为言也。隐而未见，行而未成，是以君子弗用也。

【译文】

君子将自己的道德修养得完美无缺作为行动的目的，每天都将有所成就。初九爻辞之所以讲"潜龙勿用"，是指君子尚处于隐居状态，尚未开始行动，所以其才能尚未表现出来。

君子学以聚之，问以辩之，宽以居之，仁以行之。《易》曰："见龙在田，利见大人。"君德也。

【译文】

君子应通过学习来积累知识,通过诘问来辩明是非,用宽容来存心,用仁义来行事。《周易·乾卦》九二的爻辞说:"龙已出现在大地上,有利会见王公贵族。"是指具备了上述四德的大人物则可以为君。

九三,重刚而不中,上不在天,下不在田①,故乾乾因其时而惕,虽危无咎矣。

【注释】

① 田:即指地位。

【译文】

九三爻由多重阳爻组成,刚则有余,但位置却未居中,既没有占据天位,也没有占据地位,所以应自强不息且时时刻刻保持警惕,这样虽遇危险,但终究没有灾难。

九四:重刚而不中,上不在天,下不在田,中不在人①,故"或"之。或之者,疑之也。故无咎。

【注释】

① 中不在人位:下卦上位,即第三爻,为人位,九四之爻固不在人位。

【译文】

九四爻由多重阳爻组成,刚则有余,但位置却未居中,既没有占据天位,又没有占据地位,也没有占据人位,所以爻辞用"或者"二字,"或者"就是多方置疑,审时度势。所以没有灾难。

夫"大人"者，与天地合其德，与日月合其明，与四时合其序，与鬼神合其吉凶；先天而天弗违，后天而奉天时。天且弗违，而况于人乎？况于鬼神乎？

【译文】

九五爻爻辞中所说的"大人"，其道德犹如天地那样高大，其明智犹如日月，其行事符合四时的规律，其预料吉凶像鬼神一样准确。他从事前所未有的事业也不违背天道，顺应事物发展去做工作，则自然合乎客观规律。这样的人行事，天尚且不违背其意志，何况人呢？更何况鬼神呢？

"亢"之为言也，知进而不知退，知存而不知亡，知得而不知丧。其唯圣人乎！知进退存亡而不失其正者，其唯圣人乎！

【译文】

上九爻辞所提到的"亢龙"，是用来比喻只知前进而不知后退，只知生存而不知灭亡，只知得到而不知失落的人。大概只有圣人才能不偏不倚吧！懂得进退、存亡、得失的道理，行为又端正，大概只有圣人才能做到吧！

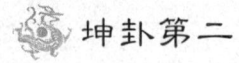

坤卦第二

☷ 坤下
坤上

【题解】

按层次性的要求说，《坤》卦理应以地为象，但卦辞显示的象征物却是牝马。取象不同，要说明的思想还是一样，那就是顺从。什么叫顺从？就是牝马顺从种马，地顺从天，阴顺从阳。本卦的卦爻辞以及象传、象传、文言，都一再强调坤阴没有自主性，必须听命于乾阳。阳给万物以生命的起点，阴才能让生命发育成形。乾、坤两卦，一个纯阳一个纯阴，一个至健一个至顺，它们相反相成，对立统一。研习本卦，可以看出两点：一是阴阳的相互作用，是事物运动发展的动力；二是阳主阴从，阳始阴成的思想模式，是《易经》理论思维的基石，对中国传统的思想文化有着极大的影响。

坤①：元亨。利牝马之贞。君子有攸往，先迷后得主，利。西南得朋②，东北丧朋。安贞吉。

【注释】

① 坤：卦名，象征地。本卦是同卦相叠（坤下坤上）六画都是阴爻，用以象地。代表纯阴柔之事物，以及与此相关联的人伦义理概念。

② 朋：李镜池说："朋，朋贝。货币起先用贝，贝十枚一串为朋。"

【译文】

《坤卦》：元始，亨通。占问雌马得到吉兆。君子前往。虽然开始时迷失路途，结果还是找到主人，吉利。如往西南方，则会得到朋友。如往东北方，则会失去朋友。卜问安居，得到吉兆。

《彖》曰：至哉坤元，万物资生，乃顺承天。坤厚载物，德合无疆。含弘光大，品物咸亨。牝马地类，行地无疆，柔顺利贞。君子攸行，先迷失道，后顺得常。西南得朋，乃与类行。东北丧朋，乃终有庆。安贞之吉，应地无疆。

【译文】

《彖传》说：崇高呵，大地的开创之功！世间的万事万物靠它滋生，柔顺地遵守着天道法则。深厚的土地孕育了万物，大地的美德广大无垠。大地蕴藏深厚，广大无边，万物茁壮成长。雌马阴性，与地同类，善于在大地上任意驰骋，总是那样柔顺、便捷、执着。君要有所作为而出行，虽然开始迷途，但结果总是顺利找到正路。如果往西南方，会得到朋友的帮助，一同建功立业。如果往东北方，则可能失去朋友的帮助，但最终还是能够成功。安于正道得到吉祥。正如大地随处伸展无穷无尽一样。

《象》曰：地势坤①。君子以厚德载物②。

【注释】

① 坤:《说卦》:"坤,顺也。"

② 载物:即载人,指包容人,教育人。

【译文】

《象传》说:大地地势至顺极厚而顺承天道。君子应效法大地,以深厚的德行来包容万物。

初六:履霜,坚冰至。

《象》曰:履霜坚冰,阴始凝也。驯致其道,至坚冰也。

【译文】

初六:踩到薄霜,预示坚冰即将到来。

《象传》说:"踩到薄霜,预示坚冰即将到来。"说明阴气开始凝聚。按照这种自然规律发展下去,必然迎来冰雪的季节。

六二:直、方、大;不习,无不利。

《象》曰:六二之动,直以方也。不习,无不利,地道光也①。

【注释】

① 光:借为广。

【译文】

六二:正直、端正、广阔是大地的特点,即使前往自己不熟悉的地方也不会有什么不利。

《象传》说:六二的爻象是正直且端正的。即使前往自己不熟悉的地方,也不会有什么不利,是因为地德广大,包容万物的缘故。

六三：含章，可贞。或从王事，无成有终。

《象》曰：含章可贞，以时发也。或从王事，知光大也。

【译文】

六三：胸怀才华而不显露，则可得到称心的占卜。如果从事战争，能恪尽职守，虽然没有战绩，但也有好的结局。

《象传》说：胸怀才华而不显露是要把握时机才发挥。如果从事战争，必能运用才智而大显身手。

六四：括囊，无咎无誉。

《象》曰：括囊无咎，慎不害也。

【译文】

六四：扎紧袋口，不说也不动，但免遭祸患，也得不到称赞。

《象传》说：扎紧袋口，不说也不动，可以免遭祸患，说明小心谨慎，才不会有祸害。

六五：黄裳，元吉。

《象》曰：黄裳元吉，文在中也。

【译文】

六五：黄色的衣服，最为吉祥。

《象传》说：黄色的衣服，最为吉祥，是因为黄色的衣服代表人们内在的美德。

上六：龙战于野，其血玄黄①。

《象》曰：龙战于野，其道穷也。

【注释】

① 玄黄：血流貌，借为泫潢。谓血流得多。

【译文】

上六：龙相战于大地，血流遍野。

《象传》说：龙相战于大地，说明人已经走到尽头了。

用六：利永贞。

《象》曰：用六永贞①，以大终也。

【注释】

① 爻辞"贞"为卜问之义。《象传》释为中正、正直。与经意有别。

【译文】

用六：有利于永久的占问。

《象传》说：用六的爻辞说有利于永远保持中正，即是指阴盛到了极点就会终结。

文言曰：坤至柔而动也刚，至静而德方，后得主而有常，含万物而化光。坤道其顺乎。承天而时行。

【译文】

大地的本性是柔顺，但行动起来也是刚强有力的，其形态虽然宁静，但道德却是方正的，它虽后于天道但却遵循常理。包容万物且不断生长光大，地道真是柔顺啊！因为它是按照天道的规律变化的。

积善之家，必有余庆；积不善之家，必有余殃。臣弑其君，子弑其父，非一朝一夕之故，其所由来者渐矣。由辩之不早辩也。《易》曰："履霜，坚冰至。"盖言顺也。

【译文】

行善积德的人家，必定会带来吉祥；为非作歹的人家，必定会招致祸殃。臣子杀其君主，儿子杀其父亲，这些都不是一朝一夕所能出现的，而是日积月累逐渐积累下来的恶念的爆发！关键是要及早洞察是非祸福。《周易·坤卦》初六的爻辞说："踩到薄霜，坚冰即将到来。"大概是事物的发展必然遵循一定的规律。

直其正也，方其义也。君子敬以直内，义以方外，敬义立而德不孤。"直、方、大、不习，无不利。"则不疑其所行也。

【译文】

直是内心品德的正直，方是行为规范的道义，君子通过恭敬谨慎来矫正思想上的偏差，用道义的原则来规范行为上的错乱。只要这样做了，其他人也会响应，高尚的道德就会传布开来而不再孤立。"君子具备正直、端正、广大这样的品质，即使不为人们所了解也不会有什么不利。"是说表里如一、品行端正的君子，不管干什么都不需要疑虑。

阴虽有美，含之，以从王事，弗敢成也。地道也，妻道也，臣道也。地道无成而代有终也。

【译文】

阴比喻臣下，虽有美德，但宜深藏含隐，而只是以其才能去辅佐君主，即使有功也不敢自居，这就是为地之道、为妻之道、为臣之道。所谓地道，即指其虽不能脱离天道独自运作，但始终却能尽力地把事业妥善完成，而并不居功自傲。

天地变化，草木蕃。天地闭，贤人隐。《易》曰："括囊，无咎无誉。"盖言谨也。

【译文】

天地依时而变化，则草木生长茂盛；天地昏暗闭塞，贤人就会退隐。《周易·坤卦》六四爻辞说"扎紧袋口，不说也不动，这样免遭祸患，也得不到称赞"其意主要是讲遇事要谨慎吧。

君子黄中通理，正位居体，美在其中，而畅于四支，发于事业，美之至也。

【译文】

君子内心美好，通晓义理，安守本分，严守礼义，美德蕴于全身，若以此用于治国，则可以达到至高的境界。

阴疑于阳，必战，为其兼于无阳也，故称龙焉。犹未离其类也，故称血焉。夫玄黄者，天地之杂也。天玄而地黄。

【译文】

阴与阳势均力敌，必然发生争斗。为使人们理解阴是与阳相战的，故将阴阳一并称为龙。虽然阴阳相战，但阴并未脱离其属类，故称为血。所谓玄黄，是指天地互相混杂而成，天为玄地为黄。

包容别人的过失，就给了他一个醒悟的时间、一个悔悟的机会，同时也给了自己一个反思的机会。包容，能融洽气氛，交流情感，活跃思想，从而获得真话、真知、真情。

包容，不是无是非、无原则。包容不是宠爱，更不是放纵。包容只是使自己摆脱荣辱与斤斤计较的心态，拓宽凡事都耿耿于怀的狭窄心胸。

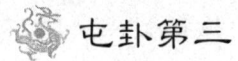
屯卦第三

䷂ 震下
坎上

【题解】

《易经》的《序卦传》认为,有天地然后有万物。《屯》卦紧接《乾》《坤》之后,表明它所说的事物,是天地出现后的初生幼芽。因为初生,所以脆弱,发展艰难;因为初生,所以朝气蓬勃,前途光明。《屯》卦所说的,正是事物初生、事业初创时的困难和光明前景,具有普遍性。

屯①:元亨,利贞。勿用有攸往。利建侯。

【注释】

① 屯:卦名。本卦是异卦相叠(震下坎上)。震,表示雷。坎,表示雨。屯,义为初生的草木。屯卦具有初生与艰难的双重意义。

【译文】

《屯卦》:宏大,亨通,吉利的卜问。不利于来。有利于建国封侯。

《彖》曰：屯，刚柔始交而难生①。动乎险中②。大亨贞。雷雨之动满盈，天造草昧。宜建侯而不宁。

【注释】

① 刚柔始交而难生：此释卦名。古人认为刚柔相交，阴阳激荡则产生雷雨，雷雨并作，险象环生，即为屯卦之象。

② 动乎险中：屯之内卦为震，震为动；外卦为坎，坎为险。所以屯卦之象，又是"动乎险中"。

【译文】

《彖传》说：《屯卦》是阴阳开始相交而险象就产生了，在艰难险阻中顺利前进，就必须具有广大、通泰、贞正的品德。雷雨交加，要想充盈大地，草木生长。宜于建国封侯，但也不会完全安全安定。

《象》曰：云雷，屯。君子以经纶。

【译文】

《象传》说：《屯卦》的上卦是坎，坎为云，下卦是震，震为雷。云行于上，雷动于下，故称为《屯卦》。君子应效法云的恩泽和雷的威严来治理国事。

初九：磐桓。利居贞。利建侯。

《象》曰：虽磐桓，志行正也。以贵下贱，大得民也。

【译文】

初九：徘徊不前。有利于居住的卜问，也有利于建国封侯。

《象传》说：虽然徘徊不前，但志向和行为贞正。只要能以尊贵以俯顺低贱，仍然会大得民心的。

六二：屯如邅如①，乘马班如②。匪寇婚媾，女子贞不字，十年乃字。

《象》曰：六二之难，乘刚也。十年乃字，反常也。

【注释】

① 屯如邅如：状难进。如，形容词词尾，无义。
② 班：借为般，回旋不前。

【译文】

六二：踌躇不前，骑着马原地回旋。不是前来抢劫，而是为了求婚。占卜预测女子近期不能孕育，十年后才生育。

《象传》说：六二爻之所以出现困难，是由于阴爻凌驾于阳爻之上。婚后十年才生育，这是反常现象。

六三：即鹿无虞，唯入于林，君子几，不如舍。往，吝。

《象》曰：即鹿无虞，以从禽也。君子舍之，往，吝，穷也。

【译文】

六三：追逐野鹿时，没有管山林之人的引导，考虑是否进入树林中去。君子理智地认为不如舍弃。因为他知道若轻率地继续追踪，则必然会发生祸事。

《象传》说：追逐野鹿缺少管山林之人的引导，是因为获鹿之心过于急切。君子应及时放弃，否则必有祸事或导致穷困。

六四：乘马班如，求婚媾。往吉，无不利。

《象》曰：求而往，明也。

【译文】

六四：骑马原地回旋，是为了寻求婚姻。若坚定不移地前进，则结果必然是吉祥，并没有什么不利。

《象传》说：坚定不移地去追求，是明智之举。

九五：屯其膏。小贞吉，大贞凶。

《象》曰：屯其膏，施未光也。

【译文】

九五：储存肥肉准备祭祀。占问小事则吉，占问大事则凶。

《象传》说：储存肥肉，是说明施舍不广。

上六：乘马班如，泣血涟如。

《象》曰：泣血涟如，何可长也。

【译文】

上六：骑着马原地回旋，哭泣不止而血泪交流。

《象传》说：哭泣不止而血泪交流，这种状况怎么能维持长久呢？

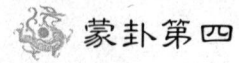

蒙卦第四

䷃ 坎下
　艮上

【题解】

《蒙》卦讲的是启蒙教育，内容包括学校教育和社会教化两个方面。就六十四卦的顺序来说，万物克服了初生阶段的困难，仍然处于蒙昧状态，教育因此成为促进社会稳定发展的当务之急，所以《蒙》卦紧接《屯》卦之后，并提出了这个问题。

蒙①：亨。匪我求童蒙②，童蒙求我。初筮告。再三渎，渎则不告。利贞。

【注释】

① 蒙：卦名。本义为草名，引申为幼稚、蒙蔽、蒙昧无知等义。本卦是异卦相叠（下坎上艮）。本卦上卦为艮，艮为山；下卦为坎，坎为险。山下有险，草木丛生，故卦名为蒙。

【译文】

《蒙卦》：亨通，不是我有求于愚昧无知的人，而是愚昧无知的人有求于我；第一次向我请教，神灵有问必答。如果一而再、再而三地没有礼貌地占筮，则不予回答。但还是得到吉祥的卜问。

《彖》曰：蒙，山下有险，险而止，蒙。蒙，亨，以亨行时中也。①"匪我求童蒙，童蒙求我"，志应也。"初筮告"，以刚中也。"再三渎，渎则不告"，渎，蒙也。蒙以养正，圣功也。

【注释】

① 以亨行时中：犹言在蒙茫之中，以通达的态度处置进止，既得时宜，又中事机。

【译文】

《彖传》说：《蒙卦》的卦象，好比山下有险阻，使道路隔绝，因而处于蒙昧状态，故称为《蒙卦》。蒙昧不明，可是却能亨通，表面看上很难理解，它指的是虽然处于蒙昧状态，一无所知，但若遇到适当时机，说不定反而会收效更大。"不是我有求于愚昧无知的人，而是愚昧无知的人有求于我"，说明占筮者与求筮者的关系是相互应和的。"第一次占筮，神灵有问必答"，这是教育者应具备的正确态度；而一而再、再而三地没有礼貌地占筮，则不予回答，没有礼貌是愚昧无知的表现。通过启蒙教育，可以把愚昧无知的人培养成品质纯正的人，这就是圣人的功业。

《象》曰：山下出泉，蒙。君子以果行育德。

【译文】

《象传》说：《蒙卦》的卦象是坎（水）下艮（山）上，为山下有泉水之表象。故称为《蒙卦》。君子必须行动果断，才能培养出良好的品德。

初六：发蒙，利用刑人。用说桎梏，以往，吝。

《象》曰：利用刑人，以正法也。

【译文】

初六：进行启蒙教育，有利的做法是对童蒙严加管束。如果不要法规，发展下去，令人失望。

《象传》说：有利的做法是对童蒙严加管束，说明要依照法规端正童蒙的思想言行。

九二：包蒙，吉。纳妇，吉。子克家。

《象》曰：子克家，刚柔接也。

【译文】

九二：爱护教育各类蒙童，这是很吉利的。如果迎娶新媳妇，也是吉祥的。儿子能够建立家庭了。

《象传》说：儿子能够建立家庭，这是因为阴阳刚柔相济之缘故。

六三：勿取女，见金夫，不有躬。无攸利。

《象》曰：勿用取女，行不顺也。

【译文】

六三：不要去抢夺女子成婚，会遭到武夫的抵抗，丢掉性命，没有什么好处的。

《象传》说：不能娶这个女子，主要是指这个女子的行为不合乎礼仪。

六四：困蒙，吝。

《象》曰：困蒙之吝，独远实也。

【译文】

六四：人为愚昧无知所困扰，必将有灾难。

《象传》说：人为愚昧无知所困扰，是因为离群索居，远离社会之缘故。

六五：童蒙，吉。

《象》曰：童蒙之吉，顺以巽也。

【译文】

六五：幼稚愚昧的人，吉利。

《象传》说：幼稚愚昧的人吉利，是因为懂得要顺服从之缘故。

上九：击蒙。不利为寇，利御寇。

《象》曰：利用御寇，上下顺也。

【译文】

上九：打击愚昧无知的人。不利于充当强盗，而有利于防御强盗。

《象传》说：有利于防御强盗，是因为上下顺从，众人支持的缘故。

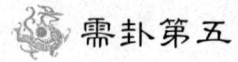

需卦第五

☲ 乾下
☵ 坎下

【题解】

《需》卦的"需"字,其实是概念的复合体,有需求、等待等多种含义。满足需求,要靠奋斗;时机不成熟时,奋斗很难成功,所以《需》卦强调等待,以便在自然和社会的制约中得到更多的行动自由。卦辞认为,等待是强者的自信。《彖传》《象传》认为,清醒的强者,强在既能奋进,又能不急躁冒进。六爻从初爻的"需于郊"发展到上爻的"入于穴",说明等待不是坐着不动,而是不断小动,创造和积累条件。从哲学上说,自然和社会处在不断变化之中,等待可看成是实现主客观统一的重要环节。

需①:有孚②,光亨,贞吉。利涉大川。

【注释】

① 需:卦名。本卦为异相叠(乾下坎上)。需的下卦为乾,乾为天;上卦为坎,坎为云。天空浮云积聚,正是降雨在即之象。所以卦名为需。需,等待。需,从雨从而,而是天字的隶变。需从天雨亦与卦象相吻合。

② 孚:俘的本字。此处指俘,俘获。

【译文】

《需卦》：抓到俘虏而有收获，广大亨通，卜问的结果是吉祥的。有利于渡过大河大江。

《彖》曰：需，须也。险在前也，刚健而不陷，其义不困穷矣。"需：有孚，光亨，贞吉"，位乎天位①，以正中也。利涉大川，往有功也。

【注释】

① 位乎天位：《彖传》此解依九五爻象、爻位为据。需的下卦为乾，乾为天，九五居上卦中位，处天之上，故曰位乎天位。

【译文】

《彖传》说：《需卦》，是表示要等待时机。如果前面有艰难险阻，自身刚强健壮才不会陷入困境，因为耐心等待适合的时机就不至于困于窘境。"《需卦》具有诚信、正大、通达、贞正的品德"，这时处于"天"的位置，这是正中之位。所以有利于越过大河急流，勇往直前必定成功。

《象》曰：云上乎天，需。君子以饮食宴乐。

【译文】

《象传》说：《需卦》的卦象是乾（天）下坎（水）上，为水在天上之表象，水汽聚集天上成为云层，密云满天，但还没有下雨，需要等待，故称为《需卦》。君子在这个时候可以宴饮安乐，待时而动。

初九：需于郊，利用恒，无咎。

《象》曰：需于郊，不犯难行也。利用恒，无咎，未失常也。

【译文】

初九：在郊外等待，必须有恒心，长久耐心地静候时机，没有危险。

《象传》说：在郊外等待，表明不能冒险轻率前行。长久耐心地等候时机，没有危险，表明没有违背天地恒常之理。

九二：需于沙，小有言，终吉。

《象》曰：需于沙，衍在中也。虽小有言，以吉终也。

【译文】

九二：在沙滩上等待，虽然稍有过错，但耐心等待终究会获得吉祥。

《象传》说：在沙滩上等待，以至于贻误时机，这过失在于自身。虽然稍有过错，但终究能获得吉祥。

九三：需于泥，致寇至。

《象》曰：需于泥，灾在外也。自我致寇，敬慎不败也。

【译文】

九三：在泥泞中等待，结果强盗乘机而至。

《象传》说：在泥泞中等待，说明灾祸还在外面，尚未殃及本身。自己招引来强盗，说明要处处小心谨慎才能避开危险。

六四：需于血，出自穴。

《象》曰：需于血，顺以听也。

【译文】

六四：在血泊中等待，不小心陷进深穴，用尽全力才逃脱出来。

《象传》说：在血泊中等待，表明此时必须沉着冷静，顺应时势，听天由命，以等待转机。

九五：需于酒食，贞吉。

《象》曰：酒食贞吉，以中正也。

【译文】

九五：在酒宴上等待，这是吉利的占兆。

《象传》说：在酒宴上等待，这是吉利的占兆，说明此时处于中位，处境优容。

上六：入于穴，有不速之客三人来，敬之，终吉。

《象》曰：不速之客来，敬之，终吉。虽不当位，未大失也。

【译文】

上六：落入了洞穴之中，忽然有三位不速之客到来，对他们恭恭敬敬，以礼相待，终究会得到吉祥的结果。

《象传》说：三位不速之客到来，对他们恭敬而且热情地招待，终究获得吉祥，表明此时尽管处在不适当的地位，但还没有遭受大的损失。

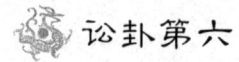
讼卦第六

☰ 坎下
乾上

【题解】

《讼》卦集中讲了争讼问题，基本思想是否定争讼，认为无讼最好，息讼次之，争讼最坏。卦辞提到，即使委曲难伸，被迫诉讼，也应听从调处，中途停讼。对于争讼到底的人，《讼》卦表现了强烈的鄙视，认为胜了也为人唾弃。以胜诉为失败，这一点很特别，显然反映的是先秦儒家的道德观念和社会理想，总希望安宁、人与人的关系融洽。

讼①：有孚，窒惕②，中吉，终凶。利见大人，不利涉大川。

【注释】

① 讼：卦名。讼，争讼，诉讼，本卦是异卦相叠（坎下乾上）。讼卦上卦为乾，乾为天；下卦为坎，坎为水。《集辞》引荀爽说："天自西转，水自东流，上下违行，成讼之象"。此言以物象而喻人事，如果人与人相舛，必生争讼。讼，《说文》："讼，急也。"

② 窒：借为怪。《广雅·释诂》二："怪，惧也。"窒惕，犹言戒惧警惕。

【译文】

《讼卦》：虽有利可图（获得俘虏），但要警惕戒惧。其事中途吉祥，后来有凶险。有利于会王公贵族，不利于涉水渡河。

《彖》曰：讼，上刚下险，险而健，讼。"讼：有孚，窒惕，中吉"，刚来而得中也①。"终凶"，讼不可成也。"利见大人"，尚中正也。"不利涉大川"，入于渊也。

【注释】

① 刚：指九二、九五之爻，阳性，为刚，所居分别为下卦中位、上卦中位，故又曰"得中"，喻人有刚健之性而得中正之道。

【译文】

《彖传》说：《讼卦》，是指阳刚在上而危险在下，为人外刚健而内阴险，必然要发生争执，这就是《讼卦》。"《讼卦》卦辞说：争讼是由于诚信之德被阻，心中发生畏惧戒备所引起，坚守正道会吉利"，表明阳刚面临危险还能坚守正道居于中位。"后来有凶险"，表明诉讼不休止不可能成功。"有利会见王公贵族"，说明对争讼作出判决需要公平正直的大人物。"不利于涉水渡河"，说明如恃强倚勇，莽撞前行，将会坠入深渊。

《象》曰：天与水违行，讼。君子以做事谋始。

【译文】

《象传》说：《讼卦》的卦象是坎（水）下乾（天）上，为天在水上之表象，天从东向西转动，江河百川之水从西向东流，天与水是逆向相背而行的,故称为《讼卦》。所以君子在做事前要深谋远虑,从开始就要消除可能引起争端的因素。

初六:不永所事,小有言,终吉。
《象》曰:不永所事,讼不可长也。虽小有言,其辩明也。

【译文】
初六:做事不能持之以恒,虽然稍有过错,但终究将获得吉祥。
《象传》说:做事不能持之以恒,说明与人争端决不可长久。虽然稍有过错,但争讼双方终究可以明辨是非。

九二:不克讼,归而逋,其邑人三百户。无眚。
《象》曰:不克讼,归逋,窜也。自下讼上,患至掇也。

【译文】
九二:争讼失败,回到家中,贵族采邑内三百户奴隶逃跑了,没有灾祸。
《象传》说:争讼失败,迅速逃亡,这是躲避争讼。因为自己处于下位,与上面有权有势的人打官司,必然要失败,而且有灾祸降临,但逃走避开,灾祸就停止了。

六三:食旧德。贞厉,终吉。或从王事,无成。
《象》曰:食旧德,从上吉也。

【译文】

六三：安享着先人的遗业。卜问得到险兆，终究会获得吉祥。如果辅佐君王建功立业，却不会成功。

《象传》说：安享着先人的遗业说明只有依赖祖上的余荫才获祥利。

九四：不克讼，复即命渝。安贞，吉。

《象》曰：复即命渝，安贞不失也。

【译文】

九四：争讼失败，经过反思改变了主意，决定服从判决。卜问平安，必然会得到吉利的结果。

《象传》说：争讼失败之后，经过反思改变了主意，决定服从判决，说明坚守正道，安守本分就没有什么损失了。

九五：讼，元吉。

《象》曰：讼元吉，以中正也。

【译文】

九五：争讼得到了公正的判决，开始获得吉祥。

《象传》说：争讼得到公正的判决，开始获得吉祥，表明此时居于正中地位，得到了大人物公正的判处。

上九：或锡之鞶带，终朝三褫之。

《象》曰：以讼受服，亦不足敬也。

【译文】

上九：君王赏赐他绅带，但在一天之内却几次被剥下身来。

《象传》说：因为讼事而得到赏赐，没有什么可以值得尊敬的。

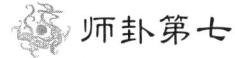师卦第七

☵ 坎下
坤上

【题解】

《师》卦的内容是战争理论。卦辞表明，政治因素和军事因素的统一，决定着战争的胜负。依据《象传》和爻辞的阐述，政治因素指战争的性质是否正义。在《易经》编定的时代，国家没有常备军，而是寓兵于民，兵民结合。战争性质的正义与否，直接关系到百姓是否拥护，战争过程中有没有足够的可战之兵。至于军事因素，《师》卦讲得更多。首先重视统帅的挑选，认为前线统帅要有威望，指挥权千万不能旁落。其次是纪律严明，失律等于失败；战术要随机应变，机动灵活。

师①：贞丈人吉，无咎。

【注释】

① 师：卦名。师，本义为古代军队编制单位之一。本卦是异卦相叠（坎下坤上）。本卦下卦为坎，坎为水；上卦为坤，坤为地。地下有水，数量无穷，水流所向，随势而行。这正是军旅之象，所以卦名曰师。

【译文】

《师卦》：卜问总指挥的军情可以得到吉祥，没有灾祸。

《彖》曰：师众也。贞，正也。能以众正，可以王矣。刚中而应，行险而顺，以此毒天下，而民从之，"吉"又何"咎"矣。

【译文】

《彖传》说：《师卦》，表示拥有众多的兵士。贞，表示坚持固有的正道。统率大军去替天行道，就可以做君王治理天下。比如从事至刚中正的德业，即使处于危险的道路上，仍能顺合天理，以这样的仁义之师去治理天下，就会受到百姓的拥护服从，当然是吉祥的，哪里会有灾祸呢！

《象》曰：地中有水，师。君子以容民畜众。

【译文】

《象传》说：《师卦》的卦象是坎（水）下坤（地）上，是地中有水之表象。地中蕴藏聚集了大量的水，取之不尽，用之不竭，象征兵源充足，故称为《师卦》。君子要像地中藏水一样容纳天下百姓，养育众人。

初六：师出以律，否臧凶。

《象》曰：师出以律，失律凶也。

【译文】

初六：出师征战全凭纪律，如果不遵守纪律必然有凶险。

《象传》说：出师征战全凭纪律，失去纪律的约束就必然要发生凶险。

九二：在师中，吉，无咎。王三锡命。

《象》曰：在师中，吉，承天宠也。王三锡命，怀万邦也。

【译文】

九二：在军中任统帅，吉祥，不会有什么灾祸。君王多次颁命奖励。

《象传》说：在军中任统帅，吉祥，不会有什么灾祸，表明承受天命，而得到宠爱。君王多次颁命奖励，说明怀有治国平天下使万邦悦服的弘大志向。

六三：师或舆尸，凶。

《象》曰：师或舆尸，大无功也。

【译文】

六三：军队出征，有人载尸而归，这是凶险之兆。

《象传》说：军队出征，有人载尸而归，说明打仗失败，徒劳无功。

六四：师左次，无咎。

《象》曰：左次无咎，未失常也。

【译文】

六四：军队在左边扎营，没有危险。

《象传》说：军队在左边扎营，没有危险。说明深通兵法，并未违背行军作战的常理。

六五：田有禽，利执言，无咎。长子帅师，弟子舆尸，贞凶。

《象》曰：长子帅师，以中行也。弟子舆尸，使不当也。

【译文】

六五：田猎时获得猎物，作战中捕获俘虏，不会有灾祸。委任德高望重的长者为军中主帅，必将战无不胜，委任无德小人将运送着尸体退回，卜问的结果必然是凶险的。

《象传》说：委任有德长者统帅军队战无不胜，表明居中持正，行为有法度，必然获胜。委任无德小人指挥，将运尸大败而归，说明用人不当，招致大败。

上六：大君有命，开国承家。小人勿用。

《象》曰：大君有命，以正功也。小人勿用，必乱邦也。

【译文】

上六：天子颁布了诏命，被封为诸侯的享有建国，被封为卿大夫的享有立家。但小人绝不可以重用。

《象传》说：天子颁布了诏命，是为了按功劳大小而公正封赏。小人绝不可以重用，是因为重用小人必然乱邦。

比卦第八

 坤下
坎上

【题解】

《比》卦阐述政治上亲善的道理，实质是用调和手段巩固统治地位。一般地说，亲近是双向的，其实在《比》卦中，重点还是下亲上、卑亲尊。从天子到诸侯、大夫，形成了宝塔式的核心，层层向上亲近。卦辞说"后天凶"，对消极观望的态度提出了警告；九五爻辞要求上面对下面亲近，能做到来者不拒，去者不追。

比①：吉。原筮，元永贞，无咎。不宁方来，后夫凶。

【注释】

① 比：卦名。本卦是异卦相叠（坤下坎上）。本卦上卦为坎，坎为水；下卦为坤，坤为地。水附大地，地纳江海，这是互相依赖亲密之象，所以卦名比。《说文》："比，密也。"

【译文】

《比卦》：吉祥。再一次卜筮占问，仍然是大吉大利，不会有灾祸。连不愿臣服的诸侯现在也来朝贺，迟迟不来的诸侯将有凶险。

《彖》曰："比，吉也。比，辅也，下顺从也。"原筮，元永贞，无咎。以刚中也。"不宁方来"，上下应也。"后夫凶"，其道穷。

【译文】

《彖传》说：《比卦》，必然获得吉祥。《比卦》，是辅佐的意思，下面的百姓能顺从上层官高位尊者。再一次卜筮占问，仍是大吉大利，不会有祸害，表明有德长者得天时地利，刚健居中，不安分的诸侯现在也来朝贺，表明已经上下团结一致，互相配合。迟迟不来的诸侯将有凶险，说明行动迟缓破坏了上下的亲密无间，所以会有危险。

《象》曰：地上有水，比。先王以建万国。亲诸侯。

【译文】

《象传》说：《比卦》的卦象为坤（地）下坎（水）上，象征地上有水。大地上百川争流，流水又浸润着大地，表明地与水亲密无间，互相依存，故称为《比卦》。先王明白这个道理，所以分封疆土，建立万国，安抚亲近诸侯。

初六：有孚，比之，无咎。有孚，盈缶。终来有它，吉。

《象》曰：比之初六有它，吉也。

【译文】

初六：得到俘虏，要亲近安抚他们，这样就不会有灾祸。得到财物，装满瓦罐。虽然会有意外的变故，但结果是吉利的。

《象传》说：《比卦》的第一爻位（初六），表示一开始虽有意外的变故，但最后可获吉利。

六二：比之自内，贞吉。

《象》曰：比之自内，不自失也。

【译文】

六二：内部和睦团结，卜问是吉祥的。

《象传》说：内部和睦团结，就不会失掉民心。

六三：比之匪人。

《象》曰：比之匪人，不亦伤乎？

【译文】

六三：和行为不端的人关系亲密。

《象传》说：和行为不端正的人关系亲密，难道不是一件很可悲的事吗？

六四：外比之，贞吉。

《象》曰：外比于贤，以从上也。

【译文】

六四：跟外邦联盟亲善，卜问是吉祥的。

《象传》说：在外而亲附于贤君，像臣下顺从居于尊上地位的君主。

九五：显比。王用三驱，失前禽，邑人不诫，吉。

《象》曰：显比之吉，位正中也。舍逆取顺，失前禽也。邑人不诫，上使中也。

【译文】

九五：特别亲善团结。跟随君王去田野围猎，从三面驱赶，网开一面，看着禽兽从放开的一面逃走，毫不在乎。老百姓对君王的狩猎毫不惊惧。吉祥。

《象传》说：特别亲善团结。可获得吉祥，因为此时居于正中位置，抛弃逆天行事的举动而顺其自然，就好像围猎时网开一面，让该被擒的禽兽落网，不该被获的从前面逃掉。老百姓对君王的狩猎毫不惊惧。这是君王的贤德感化了百姓的缘故。

上六：比之无首，凶。

《象》曰：比之无首，无所终也。

【译文】

上六：众人亲密团结、互助友爱但没有一个居于领导地位的君王，将有凶险。

《象传》说：众人亲密团结、互助友爱但没有一个居于领导地位的君王，将有凶险，说明群龙无首是没结果的。

小畜卦第九

☰ 乾下
☴ 巽上

【题解】

《小畜》卦名中的"畜"字，有聚、止、养等多种含义，内容是讲阴柔积聚力量，扶助阳刚，制止阳刚的失误。可见，制止本身就是一种爱护和培养。阳刚所以能被制止，关键在于自身有自强向上的素质；而阴柔积蓄力量过大，又会引起阴阳冲突。这种道理具有普遍意义，封建社会的贤臣谏阻君主，就是一例。

小畜①：亨。密云不雨，自我西郊。

【注释】

①小畜：卦名。本卦为异卦相叠（乾下巽上）。本卦下卦为乾，乾为天；上卦为巽，巽为风。有和风满天，风调雨顺之象，所以卦名为小畜。畜，《说文》："畜，田畜也。《淮南子》曰：'玄田为畜。'《鲁郊礼》曰畜从田从兹。兹，益也。"又解为"草木多益也"。可知畜为谷物滋生，草木茂盛之意。

【译文】

《小畜卦》：亨通吉利。天空布满浓云，但还没有下雨，云是从西郊升起来的。

《彖》曰：小畜，柔得位而上下应之，曰小畜，健而巽，刚中而志行，乃亨。"密云不雨"，尚往也。"自我西郊"，施未行也。

【译文】

《彖传》说：《小畜卦》，是由于阴柔者处于合适的位置而上下互相配合，故卦名称《小畜卦》。强健并具有谦逊的德行，阳刚居中位，才可以实现自己的志向，亨通吉利。"浓云布满天空但未下雨"，表明阳气聚集不够，而云气正在上升聚积。"云气从西郊升起"，表明阴阳二气正在相交，故云布于西郊而没有下雨。

《象》曰：风行天上，小畜。君子以懿文德。

【译文】

《象传》说：《小畜卦》的卦象是乾（天）下巽（风）上，是风在天上吹，密云不雨，故卦名称为《小畜卦》。君子观此卦象，于是修养美好的品德。

初九：复自道，何其咎？吉。
《象》曰：复其道，其义吉也。

【译文】

初九：自己从原路返回，哪里会有什么灾害呢？吉祥。
《象传》说：自己从原路返回，其含义是吉祥。

九二：牵复，吉。

《象》曰：牵复，在中，亦不自失也。

【译文】

九二：挽着别人一道从原路返回，吉祥。

《象传》说：挽着别人从原路返回，表明此时处于居中位置，自己不会失掉阳刚的德行。

九三：舆说辐。夫妻反目。

《象》曰：夫妻反目，不能正室也。

【译文】

九三，行在半路上，忽然车上的辐条从车轮中脱出来，夫妻互相口角。

《象传》说：夫妻互相口角，说明不能治理家庭。

六四：有孚，血去惕出，无咎。

《象》曰：有孚，惕出，上合志也。

【译文】

六四：得到了俘虏；忧患虽去，但仍须保持警惕，这样就没有灾祸。

《象传》说：得到了俘虏，保持警惕，表明这样符合居于尊上地位的权势者的意愿。

九五：有孚挛如，富以其邻。

《象》曰：有孚挛如，不独富也。

【译文】

九五：抓得俘虏，捆缚相连，自己致富也要使邻人跟着一同富起来。

《象传》说：抓得俘虏，捆缚相连，表明要与人共同富裕，不独自享受富贵。

上九：既雨既处，尚德载。妇贞厉。月几望，君子征，凶。

《象》曰：既雨既处，德积载也。君子征，凶，有所疑也。

【译文】

上九：刚下雨又停下来，正好得以栽种庄稼，妇女占得此爻则凶险。夏历将近十五日，君子外出远行必遭风险。

《象传》说：刚下雨又停下来，表明这时阴气弥漫掩盖了阳刚之德。君子外出远行必遭凶险，说明阴湿之气聚集，到处一片茫茫，方向不清，情况不明，自然会发生危险。

履卦第十

☰ 兑下
　　乾上

【题解】

本卦主张人的行为要合乎礼节，要履行自己的社会责任，礼的存在是为了维持等级秩序，强调人的差异，但这种差异又是建立在人际关系和谐基础上的，礼之用，和为贵，和则无险。礼与和相互配合，就能达到保持人心平衡和社会稳定的目的；但同时也要审慎自律，行为做事合乎法度，胸怀坦荡，并且知道量力而行，不急躁鲁莽、贪功冒进。这样即使处于危险境地，也能化险为夷，有忧无险。

（履）①：履虎尾，不咥人，亨。

【注释】

① 履：履字当重，原经文无，据补。履，卦名。本卦是异卦相叠（兑下乾上）。上卦为乾，乾为天；下卦为兑，兑为泽。上天下泽，尊卑显别，从而以天喻君，以泽喻民，君民有别，这是封建社会礼节的重要体现，也是统治者强制人民要履行的社会原则，所以卦名为履。履《说文》："足所依也。"即鞋，名词，这里用如动词，意践履。

【译文】

《履卦》：踩着老虎尾巴，老虎却没有咬人，当然亨通吉利。

《彖》曰：履，柔履刚也。说而应乎乾，是以"履虎尾，不咥人。""亨"，刚中正，履帝位而不疚，光明也。

【译文】

《彖传》说：《履卦》是小心遵循着礼仪行动，好像软弱者小心翼翼地跟随在强壮者的后面，与刚正强健配合，所以卦辞说"踩着老虎尾巴，老虎却没有咬人"。"亨通顺利"，因为阳刚居于中位，小心处在帝王之位置上而心安理得，显示出自己光明正大，道德高尚。

《象》曰：上天下泽，履。君子以辨上下，定民志。

【译文】

《象传》说：《履卦》的卦象是兑（泽）下乾（天）上，上有天，下有泽，故称为《履卦》。君子要深明大义，分清上下尊卑名分，坚定百姓的意志，遵循礼仪而行。

初九：素履往，无咎。

《象》曰：素履之往，独行愿也。

【译文】

初九：以朴素坦白的态度处世，没有灾祸。

《象传》说：以朴素坦白的态度处世，表明要专心致志，遵循礼仪实现自己的意愿。

九二：履道坦坦，幽人贞吉。

《象》曰：幽人贞吉，中不自乱也。

【译文】

九二：行道之人，胸怀坦荡；幽居的人，安于吉祥。

《象传》说：幽居的人，安于吉祥，说明自己秉性中正自然毫不紊乱，故不被世俗所惑。

六三：眇能视，跛能履，履虎尾，咥人，凶。武人为于大君。

《象》曰：眇能视，不足以有明也。跛能履，不足以与行也。咥人之凶，位不当也。武人为于大君，志刚也。

【译文】

六三：眼睛瞎了却要看物，腿跛了却要走路，这是勉为其难，犹如踩在老虎尾巴上，老虎回头就咬人，这是凶险之事。勇敢的武士要竭力为君主效劳。

《象传》说：眼睛瞎了却要看物，其视力不足以分辨事物。腿跛了却要走路，其脚力不足出外远行。老虎咬人是凶险的，表明这时处的位置很不妥当，竟然踩在老虎尾巴上。武士要竭力为君主效劳，表明武士的志向刚强。

九四：履虎尾，愬愬，终吉。

《象》曰：愬愬终吉，志行也。

【译文】

九四：踩着老虎尾巴，感到恐惧害怕，但谨慎小心，终于得到吉祥。

《象传》说：感到恐惧害怕，但谨慎小心，终究获得吉祥，说明小心遵循礼仪而行就能实现自己的志愿。

九五：夬履，贞厉。

《象》曰：夬履贞厉，位正当也。

【译文】

九五，行为急躁莽撞，卜其行事有危险之象。

《象传》说：行为急躁莽撞，卜其行事有危险之象。但九五阳爻居上卦中位，正当其位。故虽险不凶。

上九：视履，考祥其旋。元吉。

《象》曰：元吉在上，大有庆也。

【译文】

上九：审视察看自己的行为，能自始至终做到善良、祥和，这样是吉祥的。

《象传》说：极为吉祥，高居尊上之位，表明有大的福分值得庆祝。

泰卦第十一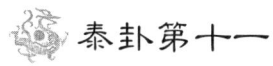

☷ 乾下
☰ 坤上

【题解】

《泰》卦象征宇宙间风调雨顺、政治清明、国泰民安的最佳状态。卦辞及《彖传》《象传》认为，这种状态出现的根源是阴阳相交。所谓阴阳相交，是《易经》关于对立统一的一种表达方式，它着重于阴阳双方的相需相得，和谐统一。《泰》卦思想的深刻之处，在于认识到相交会演变为相背，泰极必然否来。

泰①：小往大来，吉，亨。

【注释】

① 泰：卦名。本卦是异卦相叠（乾下坤上）。本卦上卦为坤。为地，地属阴气；下卦为乾。为天，天为阳气。阴气凝重而下沉，阳气清明而上升，阴阳交感。万物纷纭，所以卦名曰泰。

【译文】

《泰卦》：弱小者离去，强大者到来，吉祥，亨通。

《彖》曰："泰：小往大来，吉，亨。"则是天地交而万物通也，上下交而其志同也，内阳而外阴①，内健而外顺②，内君子而外小人，君长道长，小人道消也。

【注释】

① 内阳而外阴：泰的内卦为乾，乾为阳；外卦为坤，坤为阴。可见泰卦的卦象是阳气入于宇内，而阴气退出宇外，所以说"内阳外阴"。

② 内健而外顺：泰的内卦为乾，乾义为健；外卦为坤，坤义为顺。象征人内秉刚健之德，外抱柔顺之态。

【译文】

《彖传》说："《泰卦》，弱小者向外离去，强大者向内而来，吉祥，亨通。"说明天地阴阳交合而生养万物的道路通畅，君王臣民上下交合，大家意见一致，志同道合，这时阳者处于内而阴者居于外。刚健强壮者处于内而阴柔弱小者居于外，君子处于内而小人居于外。所以君子光明正大之道与日俱增，小人奸猾阴谋之道逐渐消退。

《象》曰：天地交，泰。后以财成天地之道，辅相天地之宜，以左右民。

【译文】

《象传》说：《泰卦》的卦象为乾（天）下坤（地）上，天地交换位置就形成了《泰卦》。君主观此卦象就要掌握时机，善于裁节调理，以成就天地交合之道，促成天地化生万物之机宜，护佑天下百姓，使他们安居乐业。

初九：拔茅茹，以其汇。征，吉。

《象》曰：拔茅，征，吉，志在外也。

【译文】

初九：拔起了一把茅草，它们的根相连在一起，真是物以类聚，所以找它时要以某种类而识别。往前行进是吉祥的。

《象传》说：拔起一把茅草，往前行进可获吉祥，说明有远大的志向，有在外建功立业的进取心。

九二：包荒，用冯河，不遐遗。朋亡，得尚于中行。

《象》曰：包荒。得尚于中行，以光大也。

【译文】

九二：将葫芦挖空，用来渡河，不至于沉没。钱币丢失，幸亏路上得到路人的帮助。

《象传》说：其人度量宏大，能够得到路人的帮助，说明自己光明正大，道德高尚。

九三：无平不陂，无往不复。艰贞，无咎。勿恤其孚，于食有福。

《象》曰：无往不复，天地际也。

【译文】

九三：没有平地不变为陡坡的，没有只出去不复返的，卜问艰难之事，卦象显示并没有危险。不用担忧其回不来，安心享用自己的俸禄是很有福分的。

《象传》说：没有只出去不复返的，这是天地间的自然法则。

六四：翩翩，不富以其邻，不戒以孚。

《象》曰：翩翩不富，皆失实也。不戒以孚，中心愿也。

【译文】

六四：巧言欺人，将给邻居带来灾难。不互相戒备，彼此以诚相见，讲求信用。

《象传》说：巧言欺人，将给邻居带来灾难。是说明同受损失。不互相戒备，彼此以诚相见，讲求信用，因为这是大家内心共同的意愿。

六五：帝乙归妹，以祉，元吉。

《象》曰：以祉元吉，中以行愿也。

【译文】

六五：殷帝乙嫁女于周文王，因此得到了福分，是十分吉祥的事。

《象传》说：因此获得福分和大吉大利，说明因为实现了长期以来心中祈求的意愿。

上六：城复于隍。勿用师，自邑告命。贞吝。

《象》曰：城复于隍，其命乱也。

【译文】

上六：城墙倒塌在久已干涸的护城壕沟里。"停止行动"，这命令来自邑中，卜问得不祥之兆。

《象传》说：城墙倒塌在久已干涸的护城壕沟里，可惜邑中传来的命令是（停止而不是进攻）错乱的。

否卦第十二

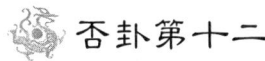坤下
乾上

【题解】

《否》卦与《泰》卦相反,特别是阴阳隔绝、天地闭塞、上下不通,卦象显示此时天在上地在下。天在上则阳气继续上浮,地在下则阴气继续下降。两者走不到一起,对立统一的双方处于分裂状态,因而造成了被卦辞称之为"匪人"的时代。好在天道无情,泰极则否,否极也会变化。立足于运动发展的观点,《否》卦勉励人们把握天道,竭力转闭塞为相通,创建新的社会秩序。

否①:否之匪人,不利君子贞,大往小来。

【注释】

① 否:否字当重,原经文无,今补。否,卦名。本卦是异卦相叠(坤下乾上)。本卦结构正与泰卦相反。此种卦象表示,阳气上升,阴气下沉,互不相通,天地闭塞,万物咽阻,所以卦名曰否,否,《释文》曰:"闭也、塞也。"即隔阂,蒙蔽。

【译文】

《否卦》:为小人所蒙蔽,这是不利于君子的卜问,事业也将由盛转衰。

《彖》曰："否之匪人，不利君子贞，大往小来。"则是天地不交而万物不通也；上下不交而天下无邦也；内阴而外阳；内柔而外刚；内小而外君子，小人道长，君子道消也。

【译文】

《彖传》说："为小人所蒙蔽，这是不利于君子的卜问，事业也将由盛转衰。"说明天地阴阳之间不相交合，养育万物的自然之道不畅通，君臣之间意见不合，因此天下分崩离析，邦国中混乱。阴者居于内而阳者处于外，柔弱顺从者处于内而刚强健壮者居于外，小人居于内而君子处于外；所以小人奸猾阴谋之道与日俱增，君子光明正大之道逐渐消退。

《象》曰：天地不交，否。君子以俭德辟难，不可荣以禄。

【译文】

《象传》说：《否卦》的卦象为坤（地）下乾（天）上，为天在地上之表象。天在极高之处，地在极低之处，天地阴阳之间因而不能互相交合，故称为《否卦》。这时候君子必须坚持勤俭节约的美德，以避开危险与灾难，不能以利禄为荣。

初六：拔茅茹，以其汇，贞吉，亨。

《象》曰：拔茅贞吉，志在君也。

【译文】

初六：拔起一把茅草，只见它们的根连在一起，物以类聚，找它们时要以其种类来识别。卜问得此爻吉祥，亨通。

《象传》说：拔起茅草，其根相连，结果吉祥，说明忠心耿耿，有为君主建功立业的远大志向。

六二：包承，小人吉，大人否亨。

《象》曰：大人否亨，不乱群也。

【译文】

六二：包裹牲体，由于牲体不大，对小民而言是吉祥，而对于贵族来说显得寒酸就不通泰了。

《象传》说：贵族不通泰，是因为贵族与小民是不能为伍的。

六三：包羞。

《象》曰：包羞，位不当也。

【译文】

六三：包裹熟肉。

《象传》说：心怀羞愧，是与贵族的身份不相称，说明此时处的位置不正。

九四：有命，无咎，畴离祉？

《象》曰：有命，无咎，志行也。

【译文】

九四：奉行天命，替天行道，没有灾祸，谁能获得福分？

《象传》说：奉行天命，替天行道，没有灾祸，说明要实现济困扶危替天行道的志向。

九五：休否，大人吉，其亡，其亡，系于苞桑。

《象》曰：大人之吉，位正当也。

【译文】

九五：停止闭塞不通的局面，王公贵族可以获得吉祥。衰亡啊，衰亡，国家的命运像系于苞草桑枝上面一样危险。

《象传》说：王公贵族可以获得吉祥，说明此时处于居中位置，合适得当。

上九：倾否，先否，后喜。

《象》曰：否终则倾，何可长也。

【译文】

上九：推翻闭塞不通的局面，即由起初闭塞不通，而后变成顺畅通达的喜事。

《象传》说：闭塞到了极点必然要发生倾覆，物极必反，否极泰来，一种局面不会长久持续不发生变化的！

同人卦第十三

☰ 离下
　 乾上

【题解】

本卦解释团结和同的原则。否极泰来后，出现了和乐通顺、人与人友善沟通的大同世界。人人破除个人私心和一家一族的偏见，求大同存小异，以天下为公，但也不是要千人一面，丧失原则和个性，而是推己及人，与人为善，广泛团结一切可以团结的人。爻辞以战争的喻，具体描述了战争的各个环节和各个方面，包括备战、作战和凯旋以及几种战斗场面等，而在每个环节中都离不开团结和纪律，否则就会失败。

同人①：同人于野，亨。利涉大川，利君子贞。

【注释】

① 同人：原经文无，今补。同人，卦名。本卦为异卦相叠（离下乾上）。本卦上卦为乾，乾为天，为君；下卦为离，离为火，为臣民。此种卦象表明君处于上，而臣处于下，君王号令大众，大众拥戴其君。上天下火，喻君王居高临下，洞察民情，所行皆得体，臣民齐赞同，故卦名曰同人。同人，《说文》："合会也。"

【译文】

《同人卦》：聚众于郊外，将行大事，亨通。有利于渡过大河急流，有利于君子卜问。

《彖》曰：同人，柔得位得中①，而应乎乾②，曰同人。同人曰："同人于野，亨。利涉大川。"乾行也③。文明以健④，中正而应⑤，君子正也。唯君子为能通天下之志。

【注释】

① 柔得位得中：此以六二爻象、爻位为据。六二为阴爻，居阴位（第二爻为阴位），所处又为下卦中位，即"得位得中。"

② 应乎乾：本卦上卦为乾，六二居下卦，而拥戴、应和于乾卦，喻臣民拥戴其君。

③ 乾行：本卦上卦为乾，乾为君，乾行，即君道。

④ 文明以健：本卦下卦为离，离为文明之象；上卦为乾，乾有刚健之性。

⑤ 中正而应：本卦九五阳爻居上卦中位，六二阴爻居下卦中位，是所处得当，与性相符。

【译文】

《彖传》说：《同人卦》，就像柔弱温顺者处于正中位置，又能顺应阳刚强健者，所以称为《同人卦》。《同人卦》卦辞说："聚众于郊外，将行大事，亨通，有利于渡过大河急流"，这表明阳刚强健者的心愿到实现。强健者讲究文明礼貌，行事坚守正道，互相配合响应，这说明君子光明正大。因此只有君子才能统一天下百姓的意志，以便治理天下。

《象》曰：天与火，同人。君子以类族辨物。

【译文】

《象传》说：《同人卦》的卦象是离（火）下乾（天）上，为天下有火之表象，故称为《同人卦》。君子要明白物以类聚、人以群分的道理，区别事物的种类，分辨事物之情况。

初九：同人于门，无咎。

《象》曰：出门同人，又谁咎也。

【译文】

初九：聚众于王门，不会有什么灾祸。

《象传》说：君王走出王门与国人打成一片，又有谁会有灾祸呢！

六二：同人于宗，吝。

《象》曰：同人于宗，吝道也。

【译文】

六二：聚集同族于宗庙，面临着艰难。

《象传》说：聚集同族于宗庙，面临的艰难是由于不能团结各个阶层的人，有狭隘思想的缘故。

九三：伏戎于莽，升其高陵，三发不兴。

《象》曰：伏戎于莽，敌刚也。三岁不兴，安行也？

【译文】

九三：把军队埋伏在密林草莽之中，占据附近的制高点，但三年都不敢出兵打仗。

《象传》说：埋伏军队在密林草莽中，说明敌人力量强大。三年都不敢兴兵打仗，表明敌我力量相差悬殊，怎么敢冒险轻进呢？

九四：乘其墉，弗克攻，吉。

《象》曰：乘其墉，义弗克也。其吉，则困而反则也。

【译文】

九四：登上敌人的城墙，但终于没有将城攻破，是吉祥的。

《象传》说：登上敌人的城墙，但终于没有将城攻破，是因为发现这种进攻是不仁义的，这样做能获得吉祥，是因为在困惑时能及时醒悟，返回到原来正确的法则行事。

九五：同人先号咷而后笑，大师克相遇。

《象》曰：同人之先，以中直也。大师相遇，言相克也。

【译文】

九五：聚集起来的众人，先哭号后欢笑，是大军及时增援取胜而与众人会合。

《象传》说：聚集起来的众人，之所以先哭后笑，是因为九五居上卦之中位，说明此时内心中正诚信，势必化凶为吉。大军与众人会合，是说互相之间获得胜利。

上九：同人于郊，无悔。

《象》曰：同人于郊，志未得也。

【译文】

上九：聚众于郊野，大家都没有悔恨之心。

《象传》说：聚众于郊野。大家都没有悔恨之心。说明此时众人团结，而希望天下大同的愿望还没有实现。

大有卦第十四

☲ 乾下
　离上

【题解】

《易经》以阳为大为富，本卦唯一的阴爻处于君位，其余的五个阳爻都听从指挥，为它效劳。这种结构显示，大有其实是有大，所有的东西大。也可以说是无所不在，物质文明、精神文明都有。国家昌盛，百姓富庶，这是普遍的愿望，卦辞对体现了这种愿望的现实表示了赞美。但事情总有两面性，什么都有容易使人昏昏，忘乎所以。卦的内容因此强调居有思无，居富思艰。因为知艰慎行，所以六条爻辞中没有"凶、吝"等断误；又因为知艰慎行的程度不同，六爻的结果并不一样。

大有①：元亨。

【注释】

①　大有：卦名。本卦是异卦相叠（乾下离上）。上卦为离，离为火；下卦为乾，乾为天。喻火烛高举，明镜高悬，彰美忠善，洞察奸邪，如此则政治清明，国运昌盛，所以卦名曰大有。有，《诗·有駜》："岁其有。"毛传："丰年也。"可知有，即丰收。

【译文】

《大有卦》：弘大亨通。

《彖》曰：大有：柔得尊位大中①，而上下应之②，曰大有。其德刚健而文明，应乎天而时行，是以"元亨"。

【注释】

① 柔得尊位大中：此以六五爻象、爻位为据。六五，阴爻，性柔顺，居于上卦中位，乾之中位为尊贵之位，所以，柔得尊位而大中。

② 上下应之：此以全卦之象为据。大有六五阴爻居上卦中位，其余五阳爻围绕于它，所以说上下应之。

【译文】

《彖传》说：《大有卦》：表明柔弱温顺者居于尊贵地位，形象高大又能保持中正之道，上下阳刚强健者纷纷相应配合，所以称为《大有卦》。因为能坚持刚健文明的美德，顺应天地之间的规律，所以风调雨顺，获得了大丰收，增加了大量财富，所以说"弘大亨通"。

《象》曰：火在天上，大有。君子以遏恶扬善，顺天休命。

【译文】

《象传》说：《大有卦》的卦象是乾（天）下离（火）上，为火在天上之表象，火焰高悬于天上，象征太阳照耀万物，世界一片光明，故称为《大有卦》。君子此时要阻止邪恶，颂扬一切善行，顺应天命，祈求好运。

初九：无交害，匪咎，艰则无咎。

《象》曰：大有初九，无交害也。

【译文】

初九：不要互相侵害，就没有什么灾祸，即使遇上艰难困苦，也不会有灾祸。

《象传》说：《大有卦》的第一爻（初九）爻辞说，不要互相侵害。

九二：大车以载，有攸往，无咎。

《象》曰：大车以载，积中不败也。

【译文】

九二：用大车装载着财物，有目的地前往，必然没有什么灾祸。

《象传》说：用大车装载着财物，财物堆积于车中不会丢失。

九三：公用亨于天子。小人弗克。

《象》曰：公用亨于天子，小人害也。

【译文】

九三：大臣享用天子的宴会，小人则不能参与。

《象传》说：大臣享用天子的宴会，小人若参与将成为国家的祸害。

九四：匪其尪，无咎。

《象》曰：匪其尪，无咎，明辨晢也。

【译文】

九四：不用巫尪求雨，也不会发生灾祸。

《象传》说：不用巫尪求雨，也不会发生灾祸，说明眼光远大、智慧过人能明辨事非。

六五：厥孚交如威如，吉。

《象》曰：厥孚交如，信以发志也。威如之吉，易而无备也。

【译文】

六五：他以诚实守信的准则处世，上下互信，必然增加个人的威信，是吉祥的。

《象传》说：他以诚实守信的准则处世，上下互信，说明以自己的诚实信用来表达志向。增加个人的威信是吉祥的，说明平易近人而无所戒备。

上九：自天祐之，吉，无不利。

《象》曰：大有上吉，自天祐也。

【译文】

上九：上天保佑有德之人，吉祥，没有不利。

《象传》说：大有是大吉大利之卦，因为得到上天的保佑。

谦卦第十五

☷ 艮下
坤上

【题解】

《谦》卦提倡谦逊。《易经》六十四卦,只有《谦》卦下三爻皆吉,上三爻无不利,而且只要谦逊就能吉利,不再需要中正孚等其他条件,由此可见对谦逊的重视程度。《易经》讲得最多的,本来就是告诉人们如何行动,讲谦逊也不例外。因此,本卦所说的谦逊,不是谈吐方面的礼仪表现,而是冷静分析现有成就,找出不如人意之处,从而客观地找准自己的位置,找准成就的位置,目的在于优化行为,推动事业前进,使之更有利于社会和国家。简言之,谦逊是为了顺利前进。

谦①:亨。君子有终。

【注释】

① 谦:卦名。本卦是异卦的相叠(艮下坤上)。本卦内卦为艮,艮为山;外卦为坤,坤为地。高亨说:"地卑而山高,地中有山,是内高而外卑。谦者才高而不自许,德高而不自矜,功高而不自居,名高而不自誉,位高而不自傲,皆是内高外卑,是以卦名曰谦。"谦,《玉篇》:"让也。"

【译文】

《谦卦》：亨通。君子谦虚将有所成就。

《彖》曰：谦，亨。天道下济而光明。地道卑而上行。天道亏盈而益谦。地道变盈而流谦。鬼神害盈而福谦。人道恶盈而好谦。谦，尊而光，卑而不可逾，君子之终也。

【译文】

《彖传》说：谦卑，则亨通。天的法则是向下降落阳气，生成万物，使世界充满光明。地的法则是由于处境低微而使阴气上升。天的法则是损减盈满，增益谦虚。地的法则是变化盈满，使其流布于谦虚。鬼神的法则是伤害盈满，赐福于谦虚。人类的法则是憎恶盈满，喜欢谦虚。谦虚的人，处于高贵的地位而不傲慢，使其德行光明而正大；处于低微的地位而不自卑，使其美德让人难以超越，这就是君子谦虚将有所成就的缘故。

《象》曰：地中有山，谦。君子以裒多益寡，称物平施。

【译文】

《象传》说：《谦卦》的卦象是艮（山）下坤（地）上，为高山隐藏于地中之表象，象征高才美德隐藏于心中而不外露，所以称作《谦卦》。君子用来取多补少，衡量各种财物的多寡使其平均而公平施予。

初六：谦谦君子。用涉大川，吉。

《象》曰：谦谦君子，卑以自牧也。

【译文】

初六：谦虚而又谦虚的君子。有此品德，即使是涉水过河，最终必然安全吉祥。

《象传》说：谦虚而又谦虚的君子，就是以谦虚的态度自我修养约束管理自己。

六二：鸣谦，贞吉。

《象》曰：鸣谦，贞吉，中心得也。

【译文】

六二：有谦虚的美名，卜问可获得吉祥。

《象传》说：有谦虚的美名，固守中正就可获得吉祥，这是说六二爻以心中纯正而赢得名声。

九三：劳谦君子，有终，吉。

《象》曰：劳谦君子，万民服也。

【译文】

九三：勤劳而谦虚的君子，必将有好的结果，凡事吉祥。

《象传》说：勤劳而谦虚的君子，万民敬服。

六四：无不利，㧑谦。

《象》曰：无不利，㧑谦，不违则也。

【译文】

六四：没有任何不吉利，只要奋勇向前而又谦虚谨慎。

《象传》说：没有任何不吉利，只要奋勇向前而又谦虚谨慎，这不违背谦虚导致亨通的法则。

六五：不富以其邻，利用侵伐，无不利。

《象》曰：利用侵伐，征不服也。

【译文】

六五：贫穷是由于邻国的侵略，故对其侵略而作出兵讨伐，没有任何不吉利的。

《象传》说：筮遇此爻有利于出兵讨伐，是指征伐那些不服的国家。

上六：鸣谦，利用行师征邑国。

《象》曰：鸣谦，志未得也，可用行师，征邑国也。

【译文】

上六：有谦虚的美名，有利于征伐邻近的邑国。

《象传》说：有谦虚的美名，但安邦定国之志未酬，所以可用出师征讨的办法来征讨邑国。

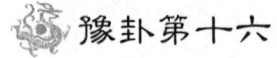

豫卦第十六

䷏ 坤下
震上

【题解】

《豫》卦所说的自在安乐，其内容特点是追求环境气氛重于物质资料，心理上的悠然感受大于生理上的吃喝享受。由此又引出两点：一是广乐天下，与民同乐，心乐安民。从宏观角度看，社会不能没有豫。这些，是卦辞以及彖、象传表达的思想。二是乐应有度，不能因乐丧志，吃祖宗饭造子孙孽。这些，是爻辞的主要倾向。

豫①：利建侯、出行。

【注释】

① 豫：卦名。本卦异卦相叠（坤下震上）。本卦下卦为坤为地；上卦为震为雷。古人认为天暖之时，雷生于地，在地震动，万物破土萌芽；天寒之时，雷入于地，大地凝重，万物伏蛰潜藏。雷依时而出入，预示着春冬之来临，所以卦名曰豫。豫，《广雅·释言》："早也。"《礼记·学记》："禁于未然之谓豫。"

【译文】

《豫卦》：有利于建国封侯，出兵打仗。

《彖》曰：豫，刚应而志行①，顺以动，豫。豫，顺以动。故天地如之。而况"建侯行师"乎？天地以顺动，故日月不过，而四时不忒。圣人以顺动，则刑罚清而民服。豫之时，义大矣哉。

【注释】

① 刚应而志行：《象传》作者认为：豫之九四为阳爻，为刚，其余五爻为阴，为柔，上下五柔和应一刚，比喻君主能统领众人，贯彻自己的意志。

【译文】

《彖传》说：《豫卦》，为一阳爻对应五阴爻，刚得柔相应，且君之意志得以实行。顺着自然而动是《豫卦》。《豫卦》顺着自然而动，因此天地的运行也是如此，更何况建国封侯，出兵打仗呢？天地按照其运行规律而运动，所以太阳和月亮的运行从来就没有出现过失误，而四季交替循环也从来没有出现过差错。圣人能够顺时而动，所以在他的治理下刑罚清明，广大的百姓就服从他，《豫卦》所蕴含的顺时而动的意义大得很啊！

《象》曰：雷出地奋，豫。先王以作乐崇德，殷荐之上帝，以配祖考。

【译文】

《象传》说：《豫卦》的卦象为坤（地）下震（雷）上，为地上响雷之表象，雷在地上轰鸣，使大地振动，这就是《豫卦》。先王观此卦象而制作了音乐，并用音乐来推广伟大的功德，他们以盛大隆重的仪礼，把音乐献给天帝，并用它来祭祀自己的祖先。

初六：鸣豫，凶。

《象》曰：初六鸣豫，志穷凶也。

【译文】

初六：因享乐而出名，必遭凶险。

《象传》说：《豫卦》的第一爻位（初六）说，因享乐而出名，说明其人意志消退，结果必遭凶险。

六二：介于石，不终日。贞吉。

《象》曰：不终日，贞吉，以中正也。

【译文】

六二：坚如石，但不到一天就有所转变，卜问得吉利。

《象传》说：事物不到一天就有所转变，卜问得吉利，这是因为能居中守正。

六三：盱豫，悔；迟，有悔。

《象》：盱豫有悔，位不当也。

【译文】

六三：懒散游乐，将招致后悔；若再懈怠大意，那就后悔莫及。

《象传》说："懒散游乐，将招致后悔，这是由于六三爻所处位置不正的缘故。

九四：由豫，大有得。勿疑朋盍簪。

《象》曰：由豫大有得，志大行也。

【译文】

九四：适当的享乐，大有好处。不要怀疑朋友们在说自己的坏话。

《象传》说：适当的享乐，大有好处，表明九四爻的阳刚之志得以大力推行。

六五：贞疾，恒不死。

《象》曰：六五贞疾，乘刚也。恒不死，中未亡也。

【译文】

六五：卜问疾病，仍能长时间内不会死去。

《象传》说：《豫卦》的第五爻位（六五）讲患病，因为六五阴爻居于九四阳爻之上，犯了柔乘刚之象。长时间内不会死去，因为六五之爻居于上卦中位，正当不死之象。

上六：冥豫，成有渝，无咎。

《象》曰：冥豫在上，何可长也？

【译文】

上六：处在昏暗的局面中仍然享乐，已成之事也将毁败。

《象传》说：处在昏暗的局面仍然享乐，以此居上位，哪能长久呢？

随卦第十七

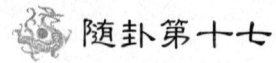

䷐ 震下
　　兑上

【题解】

本卦阐述随和、随时和追随的原则，中心是要人们明白顺时而动，注意把握时机、进退有止的道理。它鼓励人们舍弃一己的偏见私利，择善而从，追随正义之师、君子之道，不要固执己见，要善于听从采纳别人的中肯意见，但这并不是要人丧失原则和立场，而是要人内圆外方，柔中带刚，即将坚持自己的意见与吸取别人有益的建议有机结合起来。

随①：元亨，利贞，无咎。

【注释】

①随：卦名。本卦为异卦相叠（震下兑上）。本卦上卦为兑，兑义为悦；下卦为震，震为动。君王有所举动，而能取悦众心。说明臣民拥戴君王，服从君王的意旨，如影之随形，如响之应声，所以卦名曰随。随，《说文》："从也。"《广雅·释诂》："随，顺也。"

【译文】

《随卦》：弘大亨通，卜问吉祥，没有灾祸。

《彖》曰：随，刚来而下柔，动而说，随。大亨，贞无咎。而天下随时，随时之义大矣哉！

【译文】

《彖传》说：《随卦》下卦为震，震为刚，上卦为兑，兑为柔，这是阳刚谦居于阴柔之下，如果有所行动，其他人必然悦而相从。因而卦名为《随卦》。弘大亨通，卜问没有灾祸。天下万事在于随时而行，随时而行的意义是伟大的。

《象》曰：泽中有雷，随。君子以向晦入宴息。

【译文】

《象传》说：《随卦》的卦象是震（雷）下兑（泽）上，为泽中有雷之表象。泽中有雷声，泽随从雷声而震动，这便是《随卦》。君子行事要遵从合适的作息时间，夜晚就回家睡觉安息。

初九：官有渝，贞吉。出门交有功。

《象》曰：官有渝，从正吉也。出门交有功，不失也。

【译文】

初九：旅馆里发生事故，卜问得吉祥。出门人互相帮助有好处。

《象传》说：旅馆里发生事故，遵从正道来办是吉祥的。出门人互相帮助有好处，这是不失正道的缘故。

六二：系小子，失丈夫。

《象》曰：系小子，弗兼与也。

【译文】

六二：抓住小奴隶，跑掉大奴隶。

《象传》说：抓住小奴隶，跑掉大奴隶，因为二者是互相排斥而不可兼得的。

六三：系丈夫，失小子。随有求得。利居贞。

《象》曰：系丈夫，志舍下也。

【译文】

六三：抓住大奴隶跑掉小奴隶。追随而求得。卜问居处得吉祥。

《象传》说：抓住大奴隶，跑掉小奴隶，其志在于大而舍弃小的。

九四：随有获，贞凶。有孚在道，以明，何咎？

《象》曰：随有获，其义凶也。有孚在道，明功也。

【译文】

九四：追名逐利，虽有收获，卜问有凶险。路上押送俘虏，明于约束，还有什么危害呢？

《象传》说：追名逐利，虽有收获，可居位不当，其涵义则有凶险。但只要心存诚信，不违正道，则可逢凶化吉，这是由于立身光明磊落所带来的功效。

九五：孚于嘉，吉。

《象》曰：孚于嘉，吉，位中正也。

【译文】

九五：俘虏了嘉国的人，吉祥。

《象传》说：把诚信带给诚实善良之人，可获吉祥，这是因为九五爻得正居中，不倚不偏。

上六：拘系之，乃从维之。王用亨于西山。

《象》曰：拘系之，上穷也。

【译文】

拘禁俘虏，并将其捆绑。周文王将其作为人牲在西山祭祀神灵。

《象传》说：拘禁俘虏，这是因为上六爻高居《随卦》最上爻，象人处于穷困之境地。

蛊卦第十八

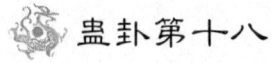
巽下
艮上

【题解】

蛊，本义为害虫，引申为诱惑迷乱，无事生非，比喻腐败。《蛊》卦认为，事情总是日久生弊，积弊成乱，乱出复治。因此，面对积弊的状况，必须坚定信心，积极治理，把由乱到治的必然性和治蛊的能动性结合起来，推动新局面的出现。很明显，《蛊》卦象征的是日久生弊，但内容重点却放在治蛊方面。

蛊①：元亨。利涉大川。先甲三日，后甲三日②。

【注释】

① 蛊：卦名。本卦是异卦相叠（巽下艮上）。本卦上卦为艮，艮为山，下卦为巽，巽为风。高山沉静，喻贤人稳居其位；风行山下，喻百姓蒙受教化。于是贤愚得位，风吹草偃，国事可为，功业可就，所以卦名曰蛊。蛊，《广雅·释诂》："事也。"

② 先甲三日，后甲三日：先甲三日，即甲日前三天，即辛日。后三日，即甲日后三天，即丁日。高亨说："我国上古历法：每年十二月（有闰月，置岁末）。每月三旬，每旬十日，以甲、乙、丙、丁、戊、己、庚、辛、壬、癸十字记之。每旬之第一

日为甲日，第二日为乙日，第三日为丙日，余以类推。据甲骨刻辞，殷代已用此历法。

【译文】

《蛊卦》：弘大亨通，利于涉水渡河。但必须于辛日与丁日启程。

《彖》曰：蛊，刚上而柔正，巽而止，蛊。"蛊，元亨"，而天下治也。"利涉大川"，往有事也。"先甲三日，后甲三日"，终则有始，天行也。

【译文】

《彖传》说：《蛊卦》，阳刚在上，阴柔居下，是说谦逊而静止，故卦名称为《蛊卦》。"《蛊卦》，弘大亨通"，如此，则天下大治。"有利于涉越大河"，说明不畏艰险，勇往直前，必有拯世救民的大事可为。"甲前三日为辛日，甲后三日为丁日"，如此从辛日至丁日共七天为一循环周期，即有始有终，有终有始，周而复始，这就是大自然运行的法则。

《象》曰：山下有风，蛊。君子以振民育德。

【译文】

《象传》说：《蛊卦》的卦象是巽（风）下艮（山）上，为山下起大风之表象，故称为《蛊卦》。君子以此救济万民，施行德教。

初六：干父之蛊，有子考。无咎，厉，终吉。

《象》曰：干父之蛊，意承考也。

【译文】

初六：继承父业，有一个孝顺的儿子。必无危害，即使遇到危险，最终必获吉祥。

《象传》说：继承父业，表明其意在继承父辈的遗志。

九二：干母之蛊，不可贞。

《象》曰：干母之蛊，得中道也。

【译文】

九二：继承母业，则吉凶不可卜问。

《象传》说：继承母业，九二处于卦中位，显示其人得中正之道。

九三：干父之蛊，小有悔，无大咎。

《象》曰：干父之蛊，终无咎也。

【译文】

九三：继承父业，即使有过错而产生懊悔，但不会有大的危害。

《象传》说：继承父业，最终不会有祸害。

六四：裕父之蛊，往见吝。

《象》曰：裕父之蛊，往未得也。

【译文】

六四：光大父业，往前发展将遇到困难。

《象传》说：光大父业，往前发展，难以得到希望的效果。

六五：干父之蛊，用誉。

《象》曰：干父用誉，承以德也。

【译文】

六五：继承父业，一定会受到人们的赞誉。

《象传》说：继承父业，一定会受到人们的赞誉，因为继承了父辈的美德。

上九：不事王侯，高尚其事。

《象》曰：不事王侯，志可则也。

【译文】

上九：不侍奉王侯，保持高尚的志向。

《象传》说：不侍奉王侯，这高尚的志向可以效法。

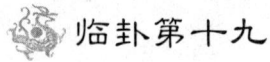

临卦第十九

☷ 兑下
　坤上

【题解】

本卦是讲治理国家和领导统治原则的。面对社会危机，有识之士不能坐以待毙，逃避自己的责任，应组织和团结群众，担负起救治乱世的重大使命，这样就使领导者的素质和才能显得非常重要了。领导者既要有高尚的品德，为人正派，严于律己，宽以待人，具有人格的感召力，树立起自己的威信，还要有知人之明，善于选贤识能，并使上下融洽，万众一心。而统治的中心原则则是讲究以德服人，依靠感化的力量来使人心悦诚服，不能仰仗权力或武力来强行压制。

临①：元亨，利贞。至于八月，有凶②。

【注释】

①临：卦名。本卦为异卦相叠（兑下坤上）。本卦上卦为坤，坤为地，为堤岸；下卦为兑，兑为泽。堤岸高出大泽，大泽容于大地，比喻君王亲临天下，包容万民，治理邦国。所以卦名曰临。临，居高临下之谓。又，临，《国语·周语》贾逵注："治也。"

②至于八月，有凶。易卦以至七而复为天地运行的循环周期。阴阳二气各盛于七月，至第八个月则消退让位。天道如此，国运人

事亦如此，盛衰有期，兴代不已。在易卦看来，元亨之贞，至于八月则转亨为凶，这是一种普遍的原则。

【译文】

《临卦》：弘大亨通，吉利的卜问。但是到了八月（阳衰阴盛），会有凶险。

《彖》曰：临，刚浸而长，说而顺，刚中而应。大"亨"以正，天之道也。"至于八月，有凶"，消不久也。

【译文】

《彖传》说：《临卦》，阳刚之气日益增长，故态度和悦而温顺，与阳刚之气上下相应。弘大亨通且坚守正道，这是大自然的规律。"到了八月会有凶险"，这是因为阴阳互相消长，八月阳气渐衰阴气渐盛，阳刚盛势不可能长久的缘故。

《象》曰：泽上有地，临。君子以教思无穷，容保民无疆。

【译文】

《象传》说：《临卦》的卦象是兑（泽）下坤（地）上，为地在泽上之表象。泽上有地，地居高临下，就是《临卦》。君子由此受到启发，费尽心思地教导人民，并以其无边无际的盛德保护人民。

初九：咸临，贞吉。

《象》曰：咸临贞吉，志行正也。

【译文】

初九：以感化的政策治民，卜问得吉祥。

《象传》说：以感化的政策治民，治道贞正，自然吉祥，因为居心端正，作风正派。

九二：咸临，吉，无不利。

《象》曰：咸临，吉，无不利，未顺命也。

【译文】

九二：以温和的政策治民，吉祥，不会有什么不利。

《象传》说："以温和的政策治民，吉祥，不会有什么不利。"这是由于百姓尚未驯化从命。

六三：甘临，无攸利。既忧之，无咎。

《象》曰：甘临，位不当也。既忧之，咎不长也。

【译文】

六三：以压服的政策治民，没有什么好处。若能忧惧改过，还不会有灾祸。

《象传》说：以压服的政策治民，这是六三爻位置不当的缘故。但是若能忧惧改过，灾祸就不会长久了。

六四：至临，无咎。

《象》曰：至临，无咎，位当也。

【译文】

六四：亲自理国治民，没有灾祸。

《象传》说：亲自理国治民，则没有灾祸，这是六四爻位置确当，即君王称职的缘故。

六五：知临，大君之宜，吉。

《象》曰：大君之宜，行中之谓也。

【译文】

六五：以明智来治民，这是伟大君主最适宜的统治之道，能获得吉祥。

《象传》说：这是伟大的君主最适宜的统治之道，说的就是行中庸之道。

上六：敦临，吉，无咎。

《象》曰：敦临之吉，志在内也。

【译文】

上六：以温柔敦厚来治民，能获得吉祥，没有灾祸。

《象传》说：以温柔敦厚来治民，能获得吉祥，说明敦厚诚实之意存于心内。

观卦第二十

坤下
巽上

【题解】

本卦阐述了社会教化的原则及方法。观看壮观盛大的祭祀典礼及各种美好事物，亦即施行神道设教，可感化人心，使人生发景仰归附之心，特别是观看瞻仰美德更能使人一心向善，而统治者通过观民风，则可了解到民生疾苦及所推行实施的政策的好坏，从而最终起到纠偏救弊的作用。这说明观有两层含义：上观下和下观上。在上者的一举一动都是人们注意的焦点，故要能起到表率作用，且时刻反省检讨自己，这样才能得到下层人民的拥护和信服；另一方面则要考察民意民心，广泛深入地了解百姓的实际情况，在这个基础上制定出适宜的方针政策。因此中心是强调德教、德政的重要。

观①：盥而不荐，有孚颙若。

【注释】

①观：卦名。本卦为异卦相叠（坤下巽上）。本卦下卦为坤。坤为地；上卦为巽，巽为风，风行大地，吹拂万物，喻君王巡视邦国，观察民情，施行德教，风化社会，所以卦名曰观。观，《说

文》"谛视也。"含观察、观看二义。

【译文】

《观卦》：祭祀时倾酒灌地而不献人牲，因为用作祭祀的俘虏长得高大。

《彖》曰：大观在上，顺而巽，中正以观天下，观。"盥而不荐，有孚颙若"，下观而化也。观天之神道，而四时不忒。圣人以神道设教，而天下服矣。

【译文】

《彖传》说："君王在上，遍观臣民。观卦为坤下巽上，即柔顺而谦逊。君王守中正以俯察民情，故卦名为观。祭祀时倾酒灌地而不献人牲，但是心中已充满了诚敬肃穆的情绪。"就是说百姓通过观察受到良好的教育和感化。观察大自然变化的神妙规律，就会悟出四季循环井然有序的道理。

圣人就是遵照神妙的大自然变化的规律，用教育来感化天下民众的。天下的民众都乐意服从。

《象》曰：风行地上，观。先王以省方，观民，设教。

【译文】

《象传》说：《观卦》的卦象是坤（地）下巽（风）上，为风吹拂于地上而遍及万行之表象，故称为《观卦》。先王效法风吹拂于大地而遍及万物的精神，巡视四方，观察民情，推行教化。

初六：童观，小人无咎，君子吝。

《象》曰：初六童观，小人道也。

【译文】

初六：幼稚地观察事物，这对普通百姓来说，不会有害处，但对担任教化重任的君子来说，就将会铸成大错。

《象传》说：《观卦》的第一爻位（初六）讲，幼稚地观察事物，这是浅薄的小人之道。

六二：窥观，利女贞。

《象》曰：窥观女贞，亦可丑也。

【译文】

六二：一孔之见，有利于女人卜问。

《象传》说：女人窥视男人，即使操行贞正，亦属可丑的行为。

六三：观我生进退。

《象》曰：观我生进退，未失道也。

【译文】

观察亲族的思想动向，从而决定为政的措施。

《象传》说：观察亲族的思想动向，从而决定为政的措施。这样做是不失用人治政的原则的。

六四：观国之光，利用宾于王。

《象》曰：观国之光，尚宾也。

【译文】

六四：观察国家的辉煌政绩，有利于成为君王的宾客。

《象传》说：观察国家的辉煌政绩，说明来者为国宾。

九五：观我生，君子无咎。

《象》曰：观我生，观民也。

【译文】

九五：善于观察亲族之意向，君子就不会有灾祸。

《象传》说：观察亲族，就是观察天下万民。

上九：观其生，君子无咎。

《象》曰：观其生，志未平也。

【译文】

上九：观察其他部族，君子才不会有灾祸。

《象传》说：观察其他部族，因为情况尚未能辨明。

噬嗑卦第二十一

䷔ 震下
　　离上

【题解】

本卦阐发推行刑罚惩处的原则和方法。治国仅靠教化这一种手段还是不够的，要刚柔相济、恩威并施才行，即在运用教化、感化的怀柔政策的同时，还要整饬法令、法纪，修明刑罚，以严刑峻法惩治不良，制止罪恶的蔓延，并保持社会的良好秩序。执法者既要有公正之心，为人端正，又要有明察秋毫、明辨是非之能，还要执法威猛刚正，有雷霆万钧之势。但刑罚毕竟为不得已的手段，不可滥用，而且惩罚的目的是让人向善，不能为惩罚而惩罚，故对初犯者应当轻处，对屡犯者应当严惩。卦中运用饮食之道来设喻。

噬嗑[1]：亨。利用狱。

【注释】

[1]噬嗑：卦名。本卦为异卦相叠（震下离上）。上卦为离，离为阴卦，下卦为震，震为阳卦。阴阳相济，刚柔相交。像刚齿破物，柔舌试味，齿舌配合，去粗取精，比喻人恩威并用，严明结合。所以卦名曰噬嗑，即咀嚼。吃东西要咀嚼，诉讼要分辨是非，也像咀嚼。

【译文】

噬嗑卦：亨通，利于讼狱。

《彖》曰：颐中有物曰噬嗑。噬嗑而亨。刚柔分，动而明，雷电合而章。柔得中而上行，虽不当位，"利用狱"也。

【译文】

《彖传》说：口中有东西需要咀嚼，所以卦名称为《噬嗑卦》。《噬嗑卦》的卦辞说亨通。刚柔上下分开，交相运动而咬合，就像雷电交合而彰显。柔顺者居中位得中道，并能奋力向上，虽然不在纯柔之位，但有利于刚柔相济，所以说"有利于讼狱"。

《象》曰：雷电，噬嗑。先王以明罚敕法。

【译文】

《象传》说：《噬嗑卦》的卦象是震（雷）下离（火）上，为雷电交击之表象。雷电交击，就是《噬嗑卦》。雷有威慑力，电能放光明，先王效法这一现象，明其刑法，正其法令。

初九：屦校灭趾，无咎。

《象》曰：屦校灭趾，不行也。

【译文】

初九：足戴脚镣，遮住脚趾，不会有大的灾祸。

《象传》说：足戴脚镣，遮住脚趾，小惩可使之不重犯过错。

六二：噬肤灭鼻，无咎。

《象》曰：噬肤灭鼻，乘刚也。

【译文】

六二：咬鲜鱼肥肉连鼻子也遮住，不会有大的灾祸。

《象传》说：咬鲜鱼肥肉连鼻子也遮住，这是因为六二之爻居于阳爻之上，即柔凌驾于刚上。

六三：噬腊肉，遇毒。小吝，无咎。

《象》曰：遇毒，位不当也。

【译文】

六三：咬腊肉，中毒。是小的困难，还不至于有灾祸。

《象传》说：中毒，这是六三爻居位不正当的缘故。

九四：噬干胏①，得金矢。利艰贞，吉。

《象》曰：利艰贞吉，未光也。

【注释】

① 胏：带骨头的肉。

【译文】

九四：咬带骨头的干肉，发现有金属箭头。有利于卜问艰难之事，其结果是吉利的。

《象传》说：有利于卜问艰难之事，其结果是吉利的，但目前处于艰难之中，尚未进入光明之境。

六五：噬干肉，得黄金。贞厉，无咎。

《象》曰：贞厉，无咎，得当也。

【译文】

六五：咬干肉，发现金属箭头。卜问得危险之兆，但最终无灾祸。

《象传》说：无灾祸，这是六五之爻居上卦中位，即位象得当的缘故。

上九：何校灭耳，凶。

《象》曰：何校灭耳，聪不明也。

【译文】

上九：肩负重枷遮住耳朵，凶险。

《象传》说：肩负重枷遮住耳朵，这是因为遮住耳朵而听不清楚。

贲卦第二十二

☲ 离下
☶ 艮上

【题解】

《贲》卦的贲，义为文饰，好像是专门讲形式美的卦。其实不然，它讲的是形式和内容、文和质的关系。根本观点是质需要文但又重于文，形式由内容决定并为内容服务。卦中认为，生活中的各种形式美应该符合各人的实际。如果联系历史，就维护等级差异来说，这当然不可取。但一般地说，不充实提高自己，光靠追求高级、豪华来苦撑门面，毕竟也不是正道。

贲①：亨。小利有攸往。

【注释】

①贲：卦名。本卦为异卦相叠（离下艮上）。本卦下卦为离，离为火，上卦为艮，艮为山。山下有火，一片艳红，花木相映，锦绣如文。喻男婚女嫁，国政家制，都有仪礼制度，构成了复杂的社会人文关系，用以维护现存的社会秩序。这正是所谓贤德君子"观乎天文，察乎时变"神道设教的结果。所以卦名曰贲。贲，《序卦》："饰也。"

【译文】

《贲卦》：亨通。有所往得小利。

《彖》曰：贲，亨。柔来而文刚，故亨。分，刚上而文柔，故以"小利有攸往"，刚柔交错，天文也。文明以止，人文也。观乎天文以察时变，观乎人文以化成天下。

【译文】

《彖传》说：《贲卦》，亨通。用柔顺来装饰刚健，阴阳交饰，所以称为亨通。分别刚柔，即阳刚装饰阴柔，所以说"有所往得小利"。这阴阳交错、刚柔相济之美，正是天象。社会制度，风俗文化是社会人文现象，观察天象，可以察知四季、昼夜变化的规律；观察社会人文现象，可以教化天下的人，促成大治。

《象》曰：山下有火，贲。君子以明庶政，无敢折狱。

【译文】

《象传》说：《贲卦》的卦象是离（火）下艮（山）上，为山下燃烧着火焰之表象。山下火焰把山上草木万物照得通明，如同披彩，这就叫《贲卦》。君子像火焰一样，使众多的政务清明，不敢对判断狱讼掉以轻心。

初九：贲其趾，舍车而徒。

《象》曰：舍车而徒，义弗乘也。

【译文】

初九：装饰自己的脚，舍弃乘坐车马而徒步行走。

《象传》说：舍弃乘坐马而徒步行走，这是因为按道义不该乘坐车马。

六二：贲其须。

《象》曰：贲其须，与上兴也。

【译文】

六二：装饰长者的胡须。

《象传》说：装饰长者的胡须，是说老人不服老，愿辅佐君王振兴国家。

九三：贲如濡如。永贞吉。

《象》曰：永贞之吉，终莫之陵也。

【译文】

九三：装饰得光泽柔润。卜问长时期的吉凶获得吉祥。

《象传》说：永远坚守正道，便可获得吉祥，是说只有永久坚持正道，才能最终不受人凌辱。

六四：贲如皤如。白马翰如。匪寇，婚媾。

《象》曰：六四，当位疑也。匪寇，婚媾，终无尤也。

【译文】

六四：装饰得那样素雅，全身洁白如玉。乘坐着一匹雪白的骏马，轻捷地往前奔驰。不是来抢劫，而是来娶亲。

《象传》说：六四爻虽则当位得正，但心中却有疑虑。得知不是来抢劫，而是来娶亲。说明疑虑尽释，最终将无祸患。

六五：贲于丘园，束帛戋戋。吝，终吉。

《象》曰：六五之吉，有喜也。

【译文】

六五：装饰山丘陵园，再拿着一束微薄的布帛来娶亲。虽有困难，然而最终必获吉祥。

《象传》说：《贲卦》的第五爻位（六五）的吉祥，说明必有喜事临门。

上九：白贲，无咎。

《象》曰：白贲，无咎，上得志也。

【译文】

上九：装饰素白，不喜好华丽，没有灾祸。

《象传》说：装饰素白，不喜好华丽，没有灾祸，说明正符合朴素无华志向。

剥卦第二十三

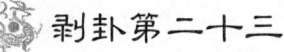

坤下
艮上

【题解】

《剥》卦所讲的阴剥阳，含义抽象，因此涵盖面也广，凡是事物的衰落，风气的变坏，一切走下坡路的现象，都属于阴剥阳的范围。剥，就是剥落、侵蚀。卦中显示，剥落的过程从下面开始，从根上烂起。为了防止事情变坏，君子必须顺应这条规律，"厚下安宅"，为"民所载"。不信神而重民，把根基建立在民众的支持上。这种民本思想很古老，也很实在。

剥[1]：不利有攸往。

【注释】

[1] 剥：卦名。本卦异卦相叠（坤下艮上）。本卦上卦为艮，艮为山；下卦为坤，坤为地。高山屹立于大地，风雨侵蚀，山石剥落。警诫君王提防小人与政，侵凌君子，剥蚀国家。所以卦名曰剥。剥，《释文》云："落也。"

【译文】

《剥卦》：有所往则不利。

《彖》曰：剥，剥也。柔变刚也。"不利有攸往"，小人长也。顺而止之，观象也。君子尚消息盈虚，天行也。

【译文】

《彖传》说：《剥卦》，就是剥落。具体说，也就是阴柔逐渐改变阳刚并取而代之。"有所往则不利"，是因为代表小人的势力正在逐渐增长，而代表君子的势力却在逐渐消减。这时，应当顺应时势抑止小人的势力，这是观察下卦阴长阳消的结果才认识到的。所以，君子应当遵循消长盈虚之间的相互转化的规律，因为这是天道。

《象》曰：山附于地，剥。上以厚下安宅。

【译文】

《象传》说：《剥卦》的卦象是坤（地）下艮（山）上，好比高山受侵蚀而风化，逐渐接近于地而之表象，因而称为《剥卦》。位居在上的人看到这一现象，应当厚待人民，使人民安居乐业。

初六：剥床以足。蔑贞，凶。

《象》曰：剥床以足，以灭下也。

【译文】

初六：床脚脱落，无须卜问，结果必然凶险。

《象传》说：床脚脱落，这是自毁其础。

六二：剥床以辨，蔑贞，凶。

《象》曰：剥床以辨，未有与也。

【译文】

六二：床板脱落，无须卜问，结果必然凶险。

《象传》说：床板脱落，是因为没有人辅佐。

六三：剥之，无咎。

《象》曰：剥之无咎，失上下也。

【译文】

六三：床虽丢弃，却没有什么灾祸。

《象传》说：床虽丢弃，却没有什么灾祸，是因为失掉上面的床板及下面的床脚而成为废物，故可丢弃。

六四：剥床以肤，凶。

《象》曰：剥床以肤，切近灾也。

【译文】

六四：去掉床上的席子，这样必然会有凶险发生。

《象传》说：去掉床上的席子，是说灾祸就在眼前。

六五：贯鱼以宫人宠，无不利；

《象》曰：以宫人宠，终于尤也。

【译文】

六五：官人助君王射中鱼以博取宠幸，没有不利。

《象传》说：官人助君王射中鱼以博取宠幸，最终当然不会有什么过失。

上九：硕果不食；君子得舆。小人剥庐。

《象》曰：君子得舆，民所载也。小人剥庐，终不可用也。

【译文】

上九：劳者不得食，不劳者得食，君子乘坐华丽的车子，小人居住破烂的草屋。

《象传》说：君子乘坐华丽的车子，这是老百姓沉重的负担。小人居住破烂的草屋，这种现象表明最终难保平安。

复卦第二十四

☷ 震下
坤上

【题解】

《复》卦紧接《剥》卦之后,显示《剥》卦上九那个硕果仅存的阳爻,现在变成了初九,重新从根部开始向上生长。春联上常见的"一元复始"的一元,指的就是这个阳爻所代表的乾坤正气。从现状看,它虽然弱小,但却孕育着无限生机,是光明和胜利的源泉与起点。

复①:亨。出入无疾,朋来无咎。反复其道,七日来复。利有攸往。

【注释】

① 复:卦名。本卦为异卦相叠(震下坤上)。本卦外卦为坤,坤为阴为顺,内卦为震,震为阳为动。内阳外阴,循序运动,往返无穷,所以卦名曰复。复,《说文》:"往来也。"

【译文】

《复卦》:亨通。出门、居家都无疾病。有钱可赚而可以无灾祸。返回途中,经过七天就可回归。有所往则有所利。

《彖》曰：复，亨，刚反①。动而以顺行，是以"出入无疾，朋来无咎"②。"反复其道，七日来复"，天行也③。"利有攸往"，刚长也④。复，其见天地之心乎！

【注释】

① 反：同返，犹言阳刚返于内。

② 朋：《彖传》释朋为朋友之朋，与经意有别。

③ 七日来复：《易》经、传作者都认为"七"是天地循环的周期。阴阳之气，至七个月则互相换位，易爻第七爻则复原等，这是天的运行原则。

④ 刚长：此以九爻象为据，本卦上五爻为阴爻，唯初爻为阳爻，《彖传》认为这是阳刚萌发展之状。

【译文】

《彖传》说：《复卦》，亨通，是由于阳刚重新返回，阳刚之气自下而上地活动并能够畅通顺利地行进，因而"出门、居家都无疾病，又有友人相助，可以无灾祸"。"返回途中，经过七天就可回归"，这是自然界运行的法则。"有所往则有所利"，是因为阳刚一天比一天增长、强大。由此可见，《复卦》大概体现了天地生生不息、生养万物的意志吧？

《象》曰：雷在地中，复。先王以至日闭关，商旅不行，后不省方。

【译文】

《象传》说：《复卦》的卦象是震（雷）下坤（地）上，为雷在地中、阳气微弱地活动之表象，因而称为《复卦》。先王观此卦象，就在阳气初生的冬至这一天关闭关口，使商人旅客停止活动，不外出经商、旅行，君王自己也不巡行视察邦国。

初九：不远复，无祗悔，元吉。

《象》曰：不远之复，以修身也。

【译文】

初九：出外不远就返回，没有大的过失，必然会获得大吉大利。

《象传》说：出外不远就返回，说明能注意自身修养。

六二：休复，吉。

《象》曰：休复之吉，以下仁也。

【译文】

六二：完美地归来，吉祥。

《象传》说：完美地归来之所以吉祥，是因为能够向下亲近具备仁德的人。

六三：频复，厉，无咎。

《象》曰：频复之厉，义无咎也。

【译文】

六三：皱着眉头回来，这样虽然有危险，但是最终却不会遇到灾祸。

《象传》说：皱着眉头回来，但已脱离危险，理应没有灾祸。

六四：中行独复。

《象》曰：中行独复，以从道也。

【译文】

六四：中途独自返回。

《象传》说：中途独自返回，说明服从了道义。

六五：敦复，无悔。

《象》曰：敦复无悔，中以自考也。

【译文】

六五：经过考察而决定回来，内心不会有什么后悔。

《象传》说：经过考察而决定回来，内心不会有什么后悔，是因为能够反省考察自己的言行以完善自我，促成自己返回正道。

上六：迷复，凶，有灾眚。用行师，终有大败，以其国君凶。至于十年不克征。

《象》曰：迷复之凶，反君道也。

【译文】

上六：迷途难返，这样必然凶险，会有天灾人祸不断降临发生。用兵作战，终将一败涂地，并且累及国君遭受凶险。以至于长达十年之久都不能兴兵征伐。

《象传》说：迷途难返之所以凶险，这是违背为君之道的缘故。

无妄卦第二十五

䷘ 震下
乾上

【题解】

《无妄》卦讲要真实诚正，不要邪虚谬乱，本为抽象论述，既适用于人，也适用一切事物。卦辞从正反两面分析了无妄的内涵，《象传》进一步表明，无妄意味着尊重规律，顺应形势，因时制宜。时当行则行，不行就是妄；时当止则止，不止也是妄。

无妄①：元亨，利贞。其匪正，有眚，不利有攸往。

【注释】

① 无妄：卦名。本卦为异卦相叠（震下乾上）。上卦为乾，乾为天为刚为健，下卦为震，震为雷为刚为动。动健相辅，阳刚充沛；天空鸣雷，震动万物，人心振奋，大有作为。但须遵循正道，不可妄行。所以卦名曰无妄。无妄，《说文》："妄，乱也。"无妄，不可妄行非正之意。

【译文】

《无妄卦》：弘大亨通，吉利的卜问。若行为不正确，则有灾祸，有所往不利。

《彖》曰：无妄，刚自外来而为主于内①。动而健，刚中而应。大、亨以正，天之命也。"其匪正，有眚，不利有攸往。"无妄之往何之矣？天命不祐，行矣哉？

【注释】

① 刚自外来而为主于内：无妄之卦，外卦为乾。乾为纯阳纯刚；内卦为震，初爻为阳为刚，内卦之刚来自外卦，所以说："刚自外来。"又，易卦通例阳卦（震☳、坎☵、艮☶）为一阳爻而二阴爻，阴卦（巽☴、离☲、兑☱）为一阴爻而二阳爻，阴阳之分以一爻为定。震之为阳，以初九阳爻为定。此为主爻，所以说为"主于内"。

【译文】

《彖传》说：《无妄卦》，是因为阳刚自外前来而成为内部的主宰，行动起来并且刚健有力，刚居中位而与柔相应。宏大、亨通而正确，这是天命。"若行为不正确，则有灾祸，有所往不利"，就是说不坚守正道而擅自贸然行动，最终又能到达什么地方呢？违背天命，必然得不到上天的保佑，又怎么能够行得通呢？

《象》曰：天下雷行，物与，无妄。先王以茂对时育万物。

【译文】

《象传》说：《无妄卦》的卦象是震（雷）下乾（天）上，好比在天的下面有雷在运行之表象，天下雷行，万物生长，这就是《妄卦》。先王顺应天令，尽其所能地遵循天时以养育万物的生长。

初九：无妄往，吉。

《象》曰：无妄之往，得志也。

【译文】

初九：不妄行，吉祥。

《象传》说：没有悖妄的行为，是说行为受意志的控制。

六二：不耕，获；不菑，畬。则利有攸往？

《象》曰：不耕，获，未富也。

【译文】

六二：不耕作就期望收获，不开荒地就想种熟地，这种行为怎能有利？

《象传》说：不耕作就期望收获，是说这种妄想的念头不能带来财富。

六三：无妄之灾。或系之牛，行人之得，邑人之灾。

《象》曰：行人得牛，邑人灾也。

【译文】

六三：意外的灾祸，好比有人把一头牛拴在村边道路旁，路边的人顺手把牛牵走而获意外之得，同村的人却被怀疑为偷牛的人而蒙受意外之灾。

《象传》说：路边的人顺手把牛牵走而获意外之得，意味着同村的人就会自然地被怀疑为偷牛的人而蒙受意外之灾。

九四：可贞，无咎。

《象》曰：可贞无咎，固有之也。

【译文】

九四：称心的卜问，没有灾祸。

《象传》说：能够坚守正道，所以没有灾祸，理应如此。

九五：无妄之疾，勿药有喜。

《象》曰：无妄之药，不可试也。

【译文】

九五：意外患病，不用乱吃药也会痊愈。

《象传》说：出人意外的药物，不可随便试用。

上九：无妄行！有眚，无攸利。

《象》曰：无妄之行，穷之灾也。

【译文】

上九：不要胡作妄行，乱来就会遭受灾祸，得不到一点好处。

《象传》说：谬妄的行为，将是绝望无聊的表现。

大畜卦第二十六

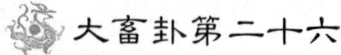

乾下
艮上

【题解】

《大畜》卦的含义是所畜至大，这一特点表现在三个方面：一是道德学问；二是人才方面的畜养，即爱护、使用贤才；三是行为方面的畜止，即等待时机，不盲目行动。

大畜①：利贞。不家食，吉。利涉大川。

【注释】

① 大畜：卦名。本卦是异卦相叠（乾下艮上）。内卦为乾，乾为天，外卦为艮，艮为山。太阳光辉照耀山中，像国家养贤，光耀朝廷，贤人养德，滋润本身。所以卦名曰大畜。畜，《释文》："畜，积也，聚也。"即利积蓄。另外，从卦爻辞看，大畜把出外经商或从事农事可有积蓄。而就《象传》看，则为"蓄德"之意。

【译文】

《大畜卦》：吉利的卜问。不食于家，食于朝廷，吉祥。有利于涉过大河。

《彖》曰：大畜，刚健笃实，辉光日新。其德刚上而尚贤，能止健，大正也。"不家食，吉"，养贤也。"利涉大川"，应乎天也。

【译文】

《彖传》说：《大畜卦》，刚健厚实，它光辉灿烂，气象常新。阳刚位居在上而能够推崇贤能之士，行为刚正而止，这是最大的正道。"不在家里吃饭，吉祥"，是说国家以厚禄养贤。"有利于涉过大河"，是说能够遵循自然规律涉渡大河。

《象》曰：天在山中，大畜。君子以多识前言往行，以畜其德。

【译文】

《象传》说：《大畜卦》的卦象是乾（天）下艮（山）上，为天被包含在山里之表象，象征大量的蓄养积聚，故称为《大畜卦》。君子效法这一精神，应当努力更多地学习领会前代圣人君子的言论和行为，以此充实自己，培养美好的品德和积聚广博的知识。

初九：有厉，利已。

《象》曰：有厉，利已，不犯灾也。

【译文】

初九：事情有危险，停止不做则能化凶为吉。

《象传》说：事情有危险，停止不做则能化凶为吉，因为这样就不会去触犯灾祸。

九二：舆说辐。

《象》曰：舆说辐，中无尤也。

【译文】

九二：车轮的辐条脱落。

《象传》说：车轮的辐条脱落，说明九二爻居下卦中位，这种爻象表明毕竟没有忧患。

九三：良马逐。利艰贞。曰闲舆卫。利有攸往。

《象》曰：利有攸往，上合志也。

【译文】

九三：驾着良马驰逐。卜问艰难之事吉利。每天熟练驾驶防卫的事情。有所往则有利。

《象传》说：有所往则有利，尚合心意。

六四：童牛之牿，元吉。

《象》曰：六四元吉，有喜也。

【译文】

六四：给小牛角装上一块横木，这是大吉大利的。

《象传》说：《大畜卦》的第四爻位（六四）讲的大吉大利，指有喜庆之事。

六五：豮豕之牙。吉。

《象》曰：六五之吉，有庆也。

【译文】

六五：将有锋利牙齿的猪阉割，吉祥。

《象传》说：《大畜卦》的第五爻位（六五）讲的吉祥，是指有吉庆之事。

上九：何天之衢。亨。

《象》曰：何天之衢，道大行也。

【译文】

上九：受上天的庇护，必然亨通顺利。

《象传》说：受上天的庇护，正道得以畅行。

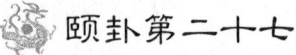

颐卦第二十七

☲ 震下
    艮上

【题解】

《颐》卦从两个侧面考察了养育问题。从内容上看，卦象本身是张嘴吃饭，卦辞在肯定"口实"重要的同时，提出正与不正的问题，《彖传》认为"正则吉"。凡此种种，表明养育既需要物质生活资料，也需要精神食粮，前者是基础，后者起支配作用。从类型上说，有求人养和养他人的区别。下三爻求人养，而且是养身不养德，因此结果皆凶。上三爻养他人，既养身又养德，因此结果都吉。归纳起来，《颐》卦的养育观是：养德重于养身，养他人高于求人养。

颐[①]：贞吉。观颐，自求口实[②]。

【注释】

① 颐：卦名。本卦为异卦相叠（震下艮上）。上卦为艮，艮为山，下卦为震，震为雷，雷出山中，正是春暖之际，天地养育万物之时。在《易卦》看来正喻圣人依时养贤育民，贤人修德养身。所以卦名曰颐。颐，《尔雅·释诂》："颐，养也。"

② 口实：口粮。

【译文】

《颐卦》：卜问得吉祥。研究颐养之道，在于自食其力。

《彖》曰：颐"贞吉"，养正则吉也。"观颐"，观其所养也。"自求口实"，观其自养也。天地养万物，圣人养贤以及万民。颐之时大矣哉。

【译文】

《彖传》说：《颐卦》说只有坚守正道才能获得吉祥，是说用正确的方法养育他人和保养自己，才能获得吉祥。"观察颐养之道"，就是要观察一个人是如何养育他人的。"自食其力"，就是要观察一个人是怎样养活自己的。天地养育万物，圣人蓄养贤能的人和颐养天下所有的百姓。由此可见，适时运用颐养之道的意义多么伟大！

《象》曰：山下有雷，颐。君子以慎言语，节饮食。

【译文】

《象传》说：《颐卦》的卦象是震（雷）下艮（山）上，为雷在山下震动之表象，雷出山中，万物萌发，因而称为《颐卦》。君子应当言语谨慎以培养美好的品德，节制饮食以养育健康的身体。

初九：舍尔灵龟，观我朵颐，凶。

《象》曰：观我朵颐，亦不足贵也。

【译文】

初九：自己储藏着大量的财宝，还要窥伺人家的财物，结果必然会招致凶险。

《象传》说：窥伺人家的财物，不是高尚的行为。

六二：颠颐，拂经于丘。颐征，凶。

《象》曰：六二征凶，行失类也。

【译文】

六二：颠倒养生之道，违背常理，即向上求养。为了生计而去征伐掠夺这是凶险之事。

《象传》说：《颐卦》的第二爻位（六二）说征伐掠夺则凶险，因为这种行径违反道义。

六三：拂颐，贞凶。十年勿用，无攸利。

《象》曰：十年勿用，道大悖也。

【译文】

六三：违背颐养的正道，仍然一味地只求口腹之欲，结果卜问遭遇凶险。十年都得倒霉，没有一点好处。

《象传》说：十年都得倒霉，是因为它与颐养的正道大相径庭，从根本上违背了养育他人和保养自己的原则和方法。

六四：颠颐，吉。虎视眈眈，其欲逐逐，无咎。

《象》曰：颠颐之吉，上施光也。

【译文】

六四：颠倒养生之道，吉祥。虎视眈眈，其欲望急迫，但无灾祸。

《象传》说：颠倒养生之道，之所以吉祥，因为君上施舍宽广，足以养民。

六五：拂经，居贞吉。不可涉大川。

《象》曰：居贞之吉，顺以从上也。

【译文】

六五：违背颐养的常理，居家卜问得吉祥。筮遇此爻，不可涉水渡河。

《象传》说：居家守正，所以结果吉祥，是因为能够顺从有阳刚之美的君子。

上九：由颐，厉，吉。利涉大川。

《象》曰：由颐，厉，吉，大有庆也。

【译文】

上九：遵守颐养正道，先遇艰难而后吉祥。有利于涉水渡河。

《象传》说：遵循颐养正道，先遇艰难而后吉祥，这是值得极大地庆贺。

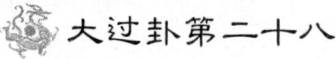

大过卦第二十八

☱ 巽下
　 兑上

【题解】

本卦描述事物超出常态，打破旧的平衡，造成阴阳失调的反常情形。此时阳刚过于强大威猛，居非其位，辅助者和配合者跟不上。显得不协调，情形十分危机。但解决的办法不是损阳补阴，截长补短，简单地恢复旧的平衡或向弱者看齐，而是加强和扶持弱者，使它们强大起来，能够阴阳调和，相济互助，从而建立起新的平衡。若此时盲目采取过激或鲁莽的行动，难免会遇到危险，应先团结好一切力量才可采取行动，同时注意不要沾染邪恶，以免受其连累，但也不要拘泥于常理。

大过①：栋桡。利有攸往，亨。

【注释】

①　大过：卦名。本卦为异卦相叠（巽下兑上）。上卦为兑，兑为泽；下卦为巽，巽为木。上兑下巽，有泽水淹没木舟之象。兑、巽相迭，中间四爻为阳爻，初、上为阴爻，阳盛而阴柔，中壮而端弱，也兆示着折毁之象。喻人君人臣，行事大错，则将有栋折梁摧之险。所以卦名曰大过。过，过失。

【译文】

《大过卦》：房屋的栋梁受重压而弯曲。有所往则有利，亨通。

《彖》曰：大过，大者过也。"栋桡"，本末弱也。刚过而中，巽而说。行，"利有攸往"，乃"亨"。大过之时大矣哉。

【译文】

《彖传》说：《大过卦》，就是阳刚极为过分的意思。"房屋的栋梁受重压而弯曲"，是说栋梁的两端过分柔弱，不堪负荷，所以致使栋梁受压而弯曲。阳刚过盛，但得中正之道，有谦逊而和悦的品德。以此行动，"有所往则有利"结果必然会"亨通"。《大过卦》所说的时机，其意义是重大的。

《象》曰：泽灭木，大过。君子以独立不惧，遁世无闷。

【译文】

《象传》说：《大过卦》的卦象是巽（风）下兑（泽）上，巽在这里代表木，则为水泽淹没了树木之表象，故称为《大过卦》。君子观此卦象，就应当坚持自己的操守，进则超然独行，不必顾忌和畏惧他人的非议；退则逃避世间，清静淡泊。

初六：藉用白茅，无咎。

《象》曰：藉用白茅，柔在下也。

【译文】

初六：祭祀时用白茅垫着祭品，所以不会发生灾祸。

《象传》说：祭祀时用白茅垫着祭品，是说祭品下面需要柔软的垫物。

九二：枯杨生稊，老夫得其女妻，无不利。

《象》曰：老夫女妻，过以相与也。

【译文】

九二：已经枯萎的杨树重新又长出新的枝芽，老年男子娶了位年轻的妻子，这种现象没有什么不利的。

《象传》说：老年男子娶年轻的妻子，年龄不当，故为错误的婚配。

九三：栋桡，凶。

《象》曰：栋桡之凶，不可以有辅也。

【译文】

九三：房屋的栋梁受重压而弯曲，结果必然发生凶险。

《象传》说：房屋的栋梁受重压而弯曲发生凶险，是因为梁曲屋倾而无法支撑之缘故。

九四：栋隆，吉。有它，吝。

《象》曰：栋隆之吉，不桡乎下也。

【译文】

九四：房屋的栋梁挺直牢固,可以获得吉祥。但有意外之患,就不好应付。

《象传》说:房屋的栋梁挺直牢固,之所以获得吉祥,是由于栋梁不再向下弯曲而房屋不倾倒之缘故。

九五:枯杨生华,老妇得其士夫,无咎无誉。

《象》曰:枯杨生华,何可久也。老妇士夫,亦可丑也。

【译文】

九五:枯萎的杨树重新开花,衰老的妇人嫁给年轻男子,这种现象既不会遇到什么祸害,也没有什么值得称道的。

《象传》说:枯萎的杨树重新开花,表面现象又怎么可以长久保持下去呢?衰老的女人嫁年轻的男子,这种婚配是会令人深感羞耻的。

上六:过涉灭顶,凶,无咎。

《象》曰:过涉之凶,不可无咎也。

【译文】

上六:盲目涉水,淹没了头顶,就会发生凶险,但最终不会有灾祸。

《象传》说:盲目涉水以致发生凶险,但如果有人救应,还是可以化险为夷,最终不会有灾祸。

坎卦第二十九

䷜ 坎下
　　坎上

【题解】

《坎》卦由两个三画《坎》卦叠置而成，显示重重险难，但重点提示的还是渡过险难的原则。首先，坚定信念，树立脱险的信心。《彖传》说"水流不盈"，比喻应像流水那样，不怕曲折磨难，坚决流向大海。其次，化信念、信心为实际行动，卦辞提出"行有尚"，说明脱险靠的是积极行动，不能有侥幸心理。再次，爻辞显示行动要因时制宜，不能急躁冒险。综观全卦，卦辞立足从宏观藐视险难，临危不惧；爻辞立足于从微观重视险难，认真对待。这两方面的内容，体现了中华民族的美德，始终在生活中放射着光芒。

习坎①：有孚，维心，亨。行有尚。

【注释】

① 习坎：卦名。省称"坎"。本卦为同卦相叠（坎上坎下）。两坎相重，坎为险为水，可见其卦象为重重险阻，又像水长流不息。所以卦名曰习坎。习，孔颖达说："习，重也。"

【译文】

《习坎卦》：抓获俘虏劝慰安抚他心，亨通。出行中将得到帮助。

《彖》曰：习坎，重险也。水流而不盈。行险而不失其信，维心亨，乃以刚中也。"行有尚"，往有功也。天险，不可升也。地险，山川丘陵也。王公设险，以守其国。险之时，用大矣哉。

【译文】

《彖传》说：《习坎卦》，表示重重的艰险困难。水长流而不停滞。走在险处却不失去他的诚信。内心不畏艰险而获得亨通，是由于具有坚强刚毅，不偏不倚的品德。"所行必获赏赐"，是因为勇往直前，就会克服重重险阻，获得成功。天以高作为自己的险阻，人们无法升上去。地以山河丘陵作为自己的险阻，人们难以畅通顺利地前进。王公贵族效法天地，设置屏障险阻以保卫国家。由此可见，关山险阻，在关键时刻所发挥的作用是巨大的。

《象》曰：水洊至，习坎。君子以常德行，习教事。

【译文】

《象传》说：《习坎卦》的卦象是坎（水）下坎（水）上，为水流之表象。流水相继而至长流不息，故称为《习坎卦》。君子因此经常推崇德行，反复不间断地推进教化百姓的事业。

初六：习坎，入于坎窞，凶。

《象》曰：习坎入坎，失道凶也。

【译文】

初六：坑中有坑，落入到重坑之中，结果必然是凶险的。

《象传》说：坑中有坑，陷入重坑之中是因为迷失正道。

九二：坎有险，求小得。

《象》曰：求小得，未出中也。

【译文】

九二：坑中有险。但敢于行险道，或许小有收获。

《象传》说：敢于行险道或许小有收获，因为九二这爻居于卦的中位，像人尚未偏离正道。

六三：来之坎，坎险且枕，入于坎窞，勿用。

《象》曰：来之坎坎，终无功也。

【译文】

六三：来到坑中，坑既险又深，陷入重坑之中，不可轻举妄动。

《象传》说：来到这多坑之地，终究没有功效。

六四：樽酒簋贰。用缶，纳约自牖。终无咎。

《象》曰：樽酒簋贰，刚柔际也。

【译文】

六四：一樽酒，两簋饭，用瓦缶盛着，从窗里送进取出。终无灾祸。

《象传》说：一樽酒两簋饭，是说在艰险困难的情况下能够推心置腹、相互信任地交往，刚柔相济，所以最终免遭灾祸。

九五：坎不盈，衹既平，无咎。

《象》曰：坎不盈，中未大也。

【译文】

九五：坑还未填满，小丘的土已经铲平，没有灾祸。

《象传》说：坑还未填满，说明居中而不自大，所以，还不会发生灾祸。

上六：系用徽纆，寘于丛棘，三岁不得，凶。

《象》曰：上六失道，凶三岁也。

【译文】

上六：将俘虏用绳索重重地捆绑住，囚在荆棘丛生的牢狱中，长达三年不能解脱，十分凶险。

《象传》说：《习坎卦》的第六爻位（上六）指出不能坚守正道，所以遭受三年的凶险。

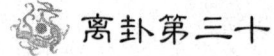
离卦第三十

☲ 离下
离上

【题解】

离卦所显示的附着关系，相当于事物之间相互依存、相互联系的关系，不过范围要广泛得多，如人与理想、人与专业方向以至人与身上衣服等等，都可包括在内。为了维护这种关系，以利于生存发展，卦中提出两条原则，即一要正，二要顺。

离①：利贞，亨。畜牝牛，吉。

【注释】

① 离：卦名。本卦为同卦相叠（离下离上）。两离相迭，离为日，太阳反复升起，运行不息。日附丽于天，草木附丽于大地。喻人依乎正道，行道不已。所以卦名曰离。离，《彖传》："离，丽也。"丽，《尔雅》："丽，附也。"

【译文】

《离卦》：吉利的卜问，亨通。饲养柔顺的母牛，可以获得吉祥。

《彖》曰：离，丽也。日月丽乎天，百谷草木丽乎土。重明以丽乎正①，乃化成天下。柔丽乎中正②，故亨。是以"畜牝牛，吉"也。

【注释】

① 重明：双重光明，即日月发出之光明。

② 柔丽乎中正：此以六二、六五爻象，立位为据。六二、六五阴爻为柔，分别居于下卦，上卦的中位，所以说柔丽乎中正。中正，内外卦之中位，喻人得贞正之道。

【译文】

《彖传》说：《离卦》，就是附丽，也就是附着的意思；譬如日月附着在天宇，百谷草木附着在大地上。日月充满光明而且又附着于正道，从而造化万物。柔顺者附着于中正之处，并且坚守正道，当然能够获得亨通。因此卦辞说："饲养柔顺的母牛，吉祥。"

《象》曰：明两作，离。大人以继明照于四方。

【译文】

《象传》说：《离卦》的卦象为离（火）下离（火）上，为光明接连升起之表象。太阳两次升起，故称为《离卦》。大人效法这一现象，也应当连绵不断地用太阳的光明一样的美德普照四方。

初九：履错然，敬之，无咎。

《象》曰：履错之敬，以辟咎也。

【译文】

初九：步履错乱，但能恭敬慎重且未轻举妄动，结果没有发生什么灾祸。

《象传》说：步履错乱，但能恭敬慎重且未轻举妄动，主要是为了避免灾祸的发生。

六二：黄离①，元吉。

《象》曰：黄离，元吉②，得中道也。

【注释】

① 离：高亨说："按离皆借为螭，龙也。谓云气似龙形者，虹之类也。音转而谓之霓。黄螭即黄霓。古人认为黄霓出现天空，是大吉之兆。"

② 《象传》释"离"为附丽义。黄，《易卦》经、传皆认为是尊贵、吉祥之色。详前注。

【译文】

六二：天空出现黄霓，大吉大利。

《象传》说：黄色附丽于身，大吉大利，是因为六二之爻居下卦中位，像人得中正之道。

九三：日昃之离①，不鼓缶而歌②，则大耋之嗟③，凶。

《象》曰：日昃之离，何可久也。

【注释】

① 昃：《释文》："昃，王嗣宗本作仄。"日昃，指太阳偏西。

② 不鼓缶而歌：古人认为日昃时霓虹在天是凶兆，应唱歌击鼓以禳除之。缶，瓦器，古人亦用作乐器。

③ 耋：《释文》："马云：'七十曰耋。'王肃曰：'八十曰耋。'"

【译文】

九三：夕阳西下，黄霓出现在天空，这时如果不击鼓唱歌禳除，老人则感到悲叹，这样必然遭遇凶险。

《象传》说：夕阳西下，黄霓出现在天空，怎么能长久呢！

九四：突如其来如，焚如，死如，弃如。

《象》曰：突如其来如，无所容也。

【译文】

九四：敌人突如其来，见房屋梵烧，见人杀死，然后离弃。

《象传》说：敌人突如其来，人们无处藏身逃命。

六五：出涕沱若①，戚嗟若②，吉。

《象》曰：六王之吉，离王公也③。

【注释】

① 涕沱：涕，眼泪。沱，泪如雨下的样子。

② 戚嗟若：戚，忧，悲戚。嗟，叹，嗟叹。若，语助，无义。

③ 离：《象传》释"离"为附丽义。

【译文】

六五：灾难过后，人们痛哭泪流，悲伤哀叹，然而吉祥。

《象传》说：《离卦》的第五爻位（六五）讲之所以能够获得吉

祥，是由于它附着在君主旁，受到了君主的庇佑。

上九：生用出下，有嘉折首，获匪其丑，无咎。

《象》曰：王用出征，以正邦也。获匪其丑，大有功也。

【译文】

上九：君王动用军队出兵征伐，将有嘉国的国君斩首，斩杀敌方首领，捕获许多俘虏，这样做不会发生灾祸。

《象传》说：君王出兵征伐，是为了安邦定国。抓许多俘虏，证明此役大胜。

下 经

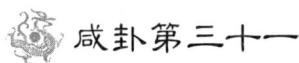咸卦第三十一

䷞ 艮下
　 兑上

【题解】

《咸》卦的"咸"字，音、义均同于"感"，意思是交互感应。本卦的主旨在于以男女婚姻取象，进而泛论自然现象与人类社会的感应之道。卦辞讲交相感应如能遵循正道，必然万事通顺，好比男女爱慕的动机纯正，婚姻一定美满。

咸①：亨，利贞。取女②，吉。

【注释】

① 咸：卦名。本卦异卦相叠（艮下兑上）。上卦为兑，兑为泽，为阴；下卦为艮，艮为山，为阳。上兑下艮是为山中有泽，山气水息，互相感应；上阴下阳，阴阳交会，万物亨通。用以喻男女感悦，则家兴，君臣感悦，则国兴，君子感悦，则业成。所以卦名曰咸。咸，《象传》："感也。"

② 取：借为娶。

【译文】

《咸卦》：亨通，吉利的卜问。娶妻，吉祥。

《彖》曰：咸，感也。柔上而刚下，二气感应以相与，止而说，男下女，是以"亨利贞，取女，吉"也。天地感而万物化生。圣人感人心而天下和平，观其所感，而天地万物之情可见矣。

【译文】

《彖传》说：《咸卦》，就是相互感应的意思。好比是阴柔居上而阳刚居下，这样阴阳二气才会相互感应配合而亲切地交往，相互感应时，阳刚一方能够不妄动而自我克制，阴柔一方能够欢欣喜悦，如同男子以礼求婚于女子，因此卦辞说"亨通、吉利、贞正，这样娶妻便可以获得吉祥"。天地相互感应就促成万物发育生长，圣人以其德行感化百姓就会使天下和平安定。通过观察男女之间相互感应的具体实例，以小见大，我们就不难发现天地万物的真情了！

《象》曰：山上有泽，咸。君子以虚受人。

【译文】

《象传》说：《咸卦》的卦象是艮（山）下兑（泽）上，为山上有泽之表象，即上方的水泽滋润下面的山体，下面的山体承托上方的水泽并吸收其水分的形象，因而称为《咸卦》。君子效法山水相连这一现象，以虚怀若谷的精神容纳感化他人。

初六：咸其拇。

《象》曰：咸其拇，志在外也。

【译文】

初六：伤其大脚趾。

《象传》说：大脚趾在动，说明其志在于向外追求。

六二：咸其腓，凶。居，吉。

《象》曰：虽凶，居，吉，顺不害也。

【译文】

六二：伤他的小腿肚，这是凶险的事情。若是安居静处，便可以获得吉祥。

《象传》说：虽然会发生凶险的事情，但是只要安居静处，便可以转凶为吉。顺从贞卜之象可以避免灾祸。

九三：咸其股，执其随，往，吝。

《象》曰：咸其股，亦不处也。志在随人，所执下也。

【译文】

九三：伤他的大腿，并抓住他裂开的肉。这样前去行事，必然导致灾祸。

《象传》说：动他的大腿，说明其不能安居静处。但其志向不过是追随他人，可见他所持的主张也卑下不足取。

九四：贞吉，悔亡。憧憧往来，朋从尔思。

《象》曰：贞吉，悔亡，未感害也。憧憧往来，未光大也。

【译文】

九四：卜问吉祥，没有后悔。人们往来不断，朋友会顺从你的意愿。

《象传》说：内心贞正，就可以获得吉祥，没有后悔，说明没有遭受祸害。虽然与朋友往来不断，但交游仍未广阔。

九五：咸其脢，无咎。

《象》曰：咸其脢，志未也。

【译文】

九五：伤他脊背的肉，没有害。

《象传》说：动他脊背的肉上以背负重物，说明其志在卑微之事。

上六：咸其辅、颊、舌。

《象》曰：咸其辅、颊、舌，滕口说也。

【译文】

上六：伤他的腮帮、脸颊、舌头。

《象传》说：动他的腮帮、脸颊、舌头。说明其只是翻腾口说，玩弄三寸不烂之舌而已。

恒卦第三十二

巽下
震上

【题解】

本卦论述持续恒久之道。有恒才有成，立身处世和进行道德修养更要有持之以恒的精神，但恒必须以纯正为前提，以遵循自然规律为准绳，这样才会亨通顺利，同时也要讲究通达权变之道，万物处于恒常变化之中，当恒则恒，当变则变，应根据不同的场合时机，灵活选择所应守持的对象。极端坚持某事也许会走向事情的反面，违背常理。因此恒中应有变，变中要有恒，是恒是变，是因时、因地、因事、因人而异。

恒①：亨，无咎，利贞。利有攸往。

【注释】

① 恒：卦名。本卦为异卦相叠（巽下震上）。上卦为震，震为雷，下卦为巽，巽为风。从自然界看，风雷激荡，使宇宙常新。从社会上看，震为阳，巽为阴，阳上阴下，正像君贵民贱，男尊女卑，所谓永恒不变的封建纲常。"君子"应该坚守此道，持之以恒。所以卦名曰恒。恒，《说文》："恒，常也。"

【译文】

《恒卦》：亨通，没有灾祸，吉利的卜问，有所往则有利。

《彖》曰：恒，久也。刚上而柔下，雷风相与，巽而动①，刚柔皆应②，恒。恒"亨无咎，利贞"，久于其道也。天地之道恒久而不已也。"利有攸往"，终则有始也。日月天而能久照，四时变化而能久成。圣人久于其道而天下化成。观其所恒，而天地万物之情可见矣。

【注释】

①巽而动：上卦为震，震义为动；下卦为巽，巽义为逊。因而本卦具有谦逊而又敢为的义道。

②刚柔皆应：本卦初六为阴爻，为柔；九四为阳爻，为刚，初，为下卦第一位，四，为上卦第一位，是为同位爻，两爻刚柔相应。九二为阳爻，为刚；六五为阴爻，为柔。又，九三为阳爻，为刚；上六为阴爻，为柔。九二与六五同位，分居下卦与上卦的中位。九三与上六为同位，分居下卦与上卦的上位。它们都是刚柔相应。

【译文】

《彖传》说：《恒卦》，就是恒久的意思。阳刚居于上，阴柔居于下。雷厉风行，二者常是相辅相成而不停地活动，既能谦逊地顺从，同时又能积极地行动，刚柔相济，所以本卦取名为《恒卦》。《恒卦》卦辞说"亨通，没有灾祸，利于坚守正道"，是说必须不懈、毫不动摇地坚持正道。天地的运行法则，就是永恒常久、丝毫没有间歇停止的。"有所往则有利"，是说事物变化发展的规律是周而复始、循环无穷的，到了终点同时就又获得了新的起点。太阳、月亮遵循自然规律就能长久地普照万物，春夏秋冬交替变化就能长久地生成万物，圣人坚持不懈、毫不动摇地坚守正道就能达到治理天下的目的。通过观察能够反映恒久这一规律的具体实例,我们就不难发现天地万物瞬息万变的真情了!

《象》曰:雷风,恒。君子以立不易方。

【译文】

《象传》说:《恒卦》的卦象是巽(风)下震(雷)上,为风雷交加之表象,二者常是相辅相成而不停地活动的形象,因而称为《恒卦》。君子效法这一现象,应当树立自身的形象,坚持恒久不变的正道。

初六:浚恒[①],贞凶,无攸利。

《象》曰:浚恒之凶,始求深也[②]。

【注释】

① 浚恒:恒浚的倒装,犹言不停地挖土。浚,挖土。

② 始:高亨说:"始,疑借为殆。《说文》:殆,危也。"这里指冒险,用如动词。

【译文】

初六:不停地掘土求深,结果必然凶险,没有一点好处。

《象传》说:不停地掘土求深之所以产生凶险,是因为冒险求深,必招致崩塌之祸。

九二:悔亡。

《象》曰：九二悔亡，能久中也。

【译文】

九二：没有悔恨。

《象传》说：《恒卦》的第二爻位（九二）说没有悔恨，是由于它能够恒久地守中不偏的缘故。

九三：不恒其德，或承之羞，贞吝。

《象》曰：不恒其德，无所容也。

【译文】

九三：不能恒久地保持其德行，总会不时蒙受他人的羞辱。

《象传》说：不能恒久地保持其德行，是说由于急躁妄动，不安分守己，没有恒心，因此落了个无处容身的下场。

九四：田无禽①。

《象》曰：久非其位②，安得禽也？

【注释】

① 田：通畋，狩猎。

② 久非其位：此以九四爻象、爻位为据。九四爻阳爻而居阴位（第四爻为阴位）是处位不当。

【译文】

九四：狩猎没有捕获到任何禽兽。

《象传》说：长久地处在不适宜的环境，又怎么能够捕获到禽兽呢？

六五：恒其德。贞，妇人吉，夫子凶。

《象》曰：妇人贞吉，从一终也。夫子制义，从妇凶也。

【译文】

六五：恒久地保持柔顺服从的美好品德，卜问，妇人可以获得吉祥，丈夫则遭遇凶险。

《象传》说：女人贞洁守道可以获得吉祥，是说女人一生应该只嫁给一个丈夫，终身都不能改嫁他人。丈夫则遇事应当果断处理，如果像女人那样只知顺从的话，就会遭遇凶险。

上六：振恒，凶。

《象》曰：振恒在上，大无功也。

【译文】

上六：摇摆不定，结果必然凶险。

《象传》说：统治者朝令夕改，政令无常，结果终将一无所成，不会有所建树。

遁卦第三十三

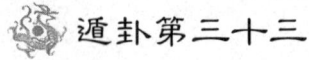

艮下
乾上

【题解】

遁，原为遯，异体字，义为逃、隐、退避。《遁》卦集中阐述的，正是这种以退避、隐藏为特征的政治策略思想。它提醒君子在小人逐渐取得优势的封建政治环境中，必须暂时退避。卦中六爻代表君子因时制宜、灵活运用退避策略的不同情况。这有两大类型：一是"晦迹"，离开政治舞台；一是"潜光"，政治上不露锋芒。无论"晦迹"还是"潜光"，都是为了等待时机，扭转形势。很明显，《遁》卦所讲的"退避"同道家的避世、佛教的出世是大不相同的。

遁①：亨。小利贞。

【注释】

① 遁：卦名。本卦为异卦相叠（艮下乾上）。上卦为乾，乾为天；下卦为艮，艮为山。天下有山，天高山远，正是贤人君子摆脱桎梏，避免灾害，挂冠悬笏，退隐山林的理想境界。所以卦名曰遁。遁，《说文》："遁，逃也。"即隐遁，退隐。

【译文】

《遁卦》：亨通。有小利的卜问。

《彖》曰："遁""亨"，遁而亨也。刚当位而应①，与时行也。"小利贞"，浸而长也②。遁之时义大矣哉。

【注释】

①　刚当位而应：本卦九五阳爻，为刚，居外卦中位（外卦即上卦），是为刚当位。六二阴爻，为柔，居内卦中位（内卦即下卦），同位之爻，刚柔相应。像君子在野，而小人在朝，针锋相对，激烈斗争。

②　浸而长：此以初六、六二爻象为据。初六阴爻，升进一位，居于第二爻，像阴柔之势渐渐生长。沙少海先生说："浸上当有'柔'字，盖转写误脱。浸，训渐。"

【译文】

《彖传》说：《遁卦》之所以亨通，说明只有隐退避让，才能够通行无阻。阳刚者虽居尊位，也要上下照应，根据时势的变化而退避。君子此时退隐守贞，有利于自身，而无利于国事。小人之势渐渐增长。因此《遁卦》所揭示的把握时机，及时隐退，其意义是重大的。

《象》曰：天下有山，遁。君子以远小人，不恶而严。

【译文】

《象传》说：《遁卦》的卦象是艮（山）下乾（天）上，为天下有山之表象，天高山远，故称为《遁卦》。君子应同小人保持一定的距离，以傲然不可侵犯的态度截然划清彼此的界限，这样一来，就自然而然会生出一种震慑住小人的威严来。

初六：遁尾，厉。勿用有攸往。

《象》曰：遁尾之厉，不往何灾也。

【译文】

初六：君子全部隐退，国家就有危险。不能有所作为了。

《象传》说：逃遁隐藏仍未脱离危险，若能坚持苦斗，有什么灾祸呢？

六二：执之用黄牛之革，莫之胜说。

《象》曰：执用黄牛，固志也。

【译文】

六二：抓来用黄牛皮绳捆绑起来，谁也难以解脱。

《象传》说：用黄牛皮绳捆绑起来，表示要坚定自己的志向，决不因任何情况而动摇。

九三：系遁①，有疾，厉。畜臣妾，吉。

《象》曰：系遁，厉，有疾惫也。畜臣妾，吉，不可大事也。

【注释】

① 系遁：犹言被拖累而不能退隐。系，拘系，拖累。

【译文】

九三：由于被牵累而难以隐退，就像疾病缠身那样危险。处在这种情况下，就要蓄养仆人和侍妾，才能转危为安。

《象传》说：由于被牵累而难以隐退，会有危险，就像疾病缠身那样使人疲惫不堪。蓄养仆人和侍妾就会吉祥，意思是说处在有所拖累的情况下，是不可能有什么大作为的，切不可贸然行事。

九四：好遁，君子吉，小人否。

《象》曰：君子好遁，小人否也。

【译文】

九四：爱好隐退避让，君子将因此而获得吉祥，小人却不会吉祥。

《象传》说：君子能够做到该退就退，从容自如，而小人却做不到这一点。

九五：嘉遁，贞吉。

《象》曰：嘉遁，贞吉，以正志也。

【译文】

九五：退隐以时，值得赞美，卜问则结果是吉祥的。

《象传》说：退隐以时，值得赞美，坚守正道将会获得吉祥，关键是要坚定自己的信念和志向。

上九：肥遁，无不利①。

《象》曰：肥遁，无不利，无所疑也。

【注释】

① 肥：沙少海先生说："肥，当借为飞，古本亦作飞。肥

遁,犹言远走高飞,退隐山林。《淮南子·师道训》:'遁而能飞,吉莫大焉。'《后汉书·张衡传》。'利飞遁以保名':都说明同一意义。"

【译文】

上九:远走高飞那样隐退,不会有什么不利。

《象传》说:远走高飞那样隐退,不会有什么不利,就在于它所做的一切都是理所当然和自然而然的,没有什么疑虑的。

大壮卦第三十四

☰ 乾下
☳ 震上

【题解】

《大壮》，是大者之壮，表示事物的强盛状态。《易经》阳为大，阴为小，本卦阳爻超过半数，显示阳刚势力大为强盛，应该积极行动，有所作为。譬如阳气动，则万物生长；帝王动，则臣民拱服。由此又引出一个如何看待强盛和运用强盛的问题。对此，本卦的回答是"正"。这样，大、壮、正三者结合，体现出自然界和人类社会的一种强大力量。大而壮者如果不正，势必任性横暴，成为邪恶力量。大而壮者能正，则能有益于天地之间，小而弱者归于正。什么叫正？就《大壮》卦来说，为尊重道德规范。

大壮①：利贞。

【注释】

① 大壮：卦名。本卦为异卦相叠（乾下震上）。上卦为震，震为雷；下卦为乾，乾为天。天上鸣雷，声威显赫。云雷涌动，群阳盛壮，以喻国威显赫，则臣民振作；阳气盛壮，则万物生长，所以卦名曰壮。壮，《释文》："威盛强猛之名。"

【译文】

《大壮卦》：吉利的卜问。

《彖》曰：大壮，大者壮也。刚以动，故壮。大壮"利贞"，大者正也。正大，而天地之情可见矣。

【译文】

《彖传》说：《大壮卦》，意即大的是强壮。阳刚充沛而奋动，所以卦名叫作《大壮卦》。《大壮卦》卦辞说："吉利、贞正"，是指大者正的缘故。如天道、君道、父道皆正则万物、臣民、家人正，即标正影直。君子认"正大"之理，则可知天地万物之情状。

《象》曰：雷在天上，大壮。君子以非礼弗履。

【译文】

《象传》说：《大壮卦》的卦象是乾（天）下震（雷）上，为震雷响彻天上之表象，雷在天上，故称为《大壮卦》。君子应该严格要求自己，非礼勿行。

初九：壮于趾①。征，凶，有孚②。

《象》曰：壮于趾，其孚穷也。

【注释】

① 壮：借为戕，伤。《象传》训壮为强，又以趾代兵，壮于趾，犹言强于兵，与经意不同。

② 孚：古俘字。《象传》解"孚"为忠信，与经意异。

【译文】

初九：伤在脚趾。这时如果出兵，虽会招来灾祸，但尚有收获。

《象传》说：自恃兵强而侵略他国，虽有收获，但信用扫地。

九二：贞吉。

《象》曰：九二贞吉，以中也。

【译文】

九二：卜问获得吉祥。

《象传》说：《大壮卦》的第二爻位（九二）讲之所以能够坚守正道而获得吉祥，是因为它位置居中。

九三：小人用壮①，君子用罔②。贞厉，羝羊触藩③，羸其角④。

《象》曰：小人用壮，君子用罔也。

【注释】

① 壮：强壮有力，这里用如名词，犹言气力。

② 罔：古网字，指围捕兽之网。

③ 羝羊触藩：羝羊，公羊。触，冲撞。藩，藩篱。

④ 羸：卡住。

【译文】

九三：小人捕兽用力气，君子捕兽用网围。卜问得险兆。公羊去顶触篱笆，结果只会把角卡在篱笆中而难以摆脱。

《象传》说：小人捕兽用力气，君子捕兽用网围。

九四：贞吉，悔亡。藩决不羸，壮于大舆之輹。

《象》曰：藩决不羸，尚往也。

【译文】

九四：卜问获吉祥，悔恨也会消失。因为公羊冲撞篱笆，羊角从系累中解脱出来，但又像被车轮撞伤了。

《象传》说：冲决篱笆，羊角摆脱系累，恐其冲撞别处。

六五：丧羊于易。无悔。

《象》曰：丧羊于易，位不当也。

【译文】

六五：往易国丢失了羊，没有悔恨。

《象传》说：往易国丢失了羊，是由于其位置不恰当。

上六：羝羊触藩，不能退，不能遂，无攸利。艰则吉。

《象》曰：不能退，不能遂，不祥也。艰则吉，咎不长也。

【译文】

上六：公羊因顶触篱笆而被长住了角，既不能后退，又不能前进，处境不利。但是，不被艰难困苦所压垮，就会安然渡过难关，获得吉祥。

《象传》说：不能退，不能进，这是遭逢不祥。不被艰难困苦所压垮，就会吉祥，说明只要能够坚持忍耐，灾祸是不会长久的。

晋卦第三十五

䷢ 坤下
　离上

【题解】

本卦揭示进取、前进之义，指出柔顺是得以晋升的手段，光明正大是取得上进的基础。要想前进，并使事业有更大的发展，一要动机纯正，践行正道，二要眼光远大，不斤斤计较一时的得失，三要得到众人的支持与拥护，取信于民，不要存有侥幸心理，也不要贪得无厌。爻辞以战争为喻，还阐述了军事上的进攻之道，涉及战术、战略和士兵素质问题，强调进攻时要勇往直前，不可患得患失，退缩犹豫而错失良机。

晋①：康侯用锡马蕃庶②，昼日三接③。

【注释】

① 晋：卦名。本卦为异卦相叠（坤下离上）。上卦为离，离为日；下卦为坤，坤为地。太阳照大地，万物欣欣向荣；君子沐德业，操行天天向上。所以卦名曰晋晋《说文》："晋，进也。日出而万物进。"

② 康侯：名封。周武王弟。初封于康，故称康侯或康叔。后封于卫。

③ 昼日三接：昼，声假为周。昼日，犹言周日、终日、整

日。三接，指多次交配。

【译文】

《晋卦》：康侯用成王赐予的良马来繁殖马匹，一天多次配种。

《象》曰：晋，进也。明出地上①。顺而丽乎大明②。柔进而上行③，是以"康侯用锡马蕃庶，昼日三接"也。

【注释】

① 明：太阳。下句"大明"亦指太阳。
② 顺：下卦为坤，坤为大地，大地卑伏顺从。
③ 柔进而上：本卦初、二、三、五均为阴爻，为柔，阴爻由初位上升到第五位，故曰"柔进而上行"。

【译文】

《象传》说：《晋卦》，就是进取的意思。就像曙光初现在大地时的样子。以在下者的坦然顺从，附和在上者的光明伟大，按照在下者的本分遵循在上者的意愿，从而步步前进上升。所以卦辞中才说"康侯能够用成王赐予的良马繁殖马匹，一日之内多次配种"。

《象》曰：明出地上，晋。君子以自昭明德。

【译文】

《象传》说：《晋卦》的卦象是坤（地）下离（火）上，离为火，代表光明，为太阳从地面上升起之表象，故称为《晋卦》。所以，君子应该充分显示自己的才华和美德，发挥出自己的作用。

初六：晋如，摧如，贞吉。罔乎裕，无咎。

《象》曰：晋如，摧如，独行正地。裕无咎，未受命也。

【译文】

初六：攻击敌人，摧毁敌人，卜问得吉祥。没有捕获俘虏和掠夺财物，不会有灾祸。

《象传》说：攻击敌人，摧毁敌人，这是因为将帅能遵循正道，独自进行正确指挥。从容不迫才能克敌制胜，没有灾祸，说明将帅能因势制宜，独断于心。

六二：晋如，愁如①，贞吉。受兹介福于其王母②。

《象》曰：受兹介福，以中正也。

【注释】

① 愁：高亨说："借为逌，迫也。"如，犹之。见前注。

② 王母：祖母。

【译文】

六二：攻击敌人，压倒敌人，卜问得吉祥。因为在祖母那里受此大福的。

《象传》说：之所以能够受此大福，是因为它位置居中，行为符合身份和正道。

六三：众允，悔亡。

《象》曰：众允之，志上行也。

【译文】

六三:众人信任他,合力进取,没有悔恨。

《象传》说:众人信任他,其志向就能够实行。

九四:晋如鼫鼠①,贞厉。

《象》曰:鼫鼠贞厉,位不当也。

【注释】

① 鼫:《子夏传》作硕。鼫鼠五技:一、能飞不能过屋;二、能游不能渡谷;三、能穴不能掩身;四、能缘不能穷木;五、能走不能先人。(蔡邕《劝学篇》王注)。

【译文】

九四:进攻敌人但胆小如鼠,卜问得凶兆。

《象传》说:进攻敌人但胆小如鼠,卜问得凶兆。是因为它所在的位置不对。

六五:悔亡,失得勿恤。往,吉。无不利。

《象》曰:失得勿恤,往有庆也。

【译文】

六五:悔恨已经消失,也用不着忧虑得失的问题。只要勇往直前,就会吉祥如意。所有的一切都变得是那样顺利。

《象传》说:用不着忧虑得失,只要继续努力奋斗,就必然会有吉祥福庆的。

上九：晋其角，维用伐邑。厉，吉，无咎，贞吝。

《象》曰：维用伐邑，道未光也。

【译文】

上九：进攻敌人，必须较量敌我双方的力量，可以考虑攻击敌方的城邑。结局是危险，是吉利，还是没灾祸，卜问困难。

《象传》说：考虑攻击敌方的城邑，说明王道未能广泛实行，以致属邑叛乱。

明夷卦第三十六

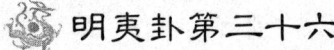

离下
坤上

【题解】

本卦紧接《晋》卦之后，卦象是"明入地中"，这和《晋》卦的"明出地上"正好相反。"明入地中"，象征昏君在上，政治黑暗，与只是小人得势的《遯》卦相比，情况更为严重。历来认为昏君指商纣王，全卦反映的是殷、周之际的政治生活。卦辞明白指出：是非混淆、好人遭殃是当时的两大特点，并以文王、箕子为例，说明在那充满忧患的时代，唯一正确的处世途径是"利艰贞"，即知艰难而不失正道，用"自晦"的办法迎接新的光明。

明夷①：利艰贞。

【注释】

① 明夷：卦名。本卦为异卦相叠（离下坤上）。上卦为坤，坤为地；下卦为离。离为日，上坤下离，是日没入地中之象。太阳既没，天地黑暗，前途莫测，喻君子处艰难之中，既要守正不阿，又要遵时养晦，所以卦名曰明夷。夷，《广雅·释诂》："夷，灭也。"明夷，意即阳光隐退。

【译文】

《明夷卦》：卜问艰难之事有利。

《彖》曰：明入地中，明夷。内文明而外柔顺①，以蒙大难，文王以之。"利艰贞"，晦其明也。内难而能正其志，箕子以之。

【注释】

① 内文明而外柔顺：本卦内卦为离，离义为文明；外卦为坤，坤性柔顺，这既是明夷之卦的意蕴，同时又是喻周文王的品德。

【译文】

《彖传》说：光明被笼罩在大地之下，故称为明夷卦。如果内含着巨大的才能、志向和美德，而在外又能忍让、克制和顺从，就能够因此而承受巨大的灾难，周文王就是这样做的。"在这种情况下，最好是面对艰难困苦，坚守正道，终有所利"，正如太阳隐晦它的光明，但终有灿然脱出之时。因此，内秉光明之德，虽然置身在黑暗和灾难中，仍然能坚守信念，巩固志向，就像处在殷纣王黑暗时期的箕子所做的那样。

《象》曰：明入地中，明夷。君子以莅众用晦而明。

【译文】

《象传》说：《明夷卦》的卦象是离（火）下坤（地）上，离为火，代表光明，为光明入地下之表象，故称为《明夷卦》。君子要能够遵循这个道理去管理民众，即有意不表露自己的才能和智慧，反而能在不知不觉中使民众得到治理。

初九："明夷于飞，垂其翼。君子于行，三日不食。"有攸往，主人有言。

《象》曰：君子于行，义不食也。

【译文】

初九：鹈鹕在飞翔，低垂着左边翅膀。君子离家出行，三天没有饭吃，有所往，则必遭主人责备。

《象传》说：君子离家出行，按照礼义不能蒙羞受食。

六二：明夷，夷于左股，用拯马壮，吉。

《象》曰：六二之吉，顺以则也。

【译文】

六二：鹈鹕，伤在左股，君子负伤，因马获救。吉祥。

《象传》说：六二爻讲之所以能够获得吉祥，是因为马顺从主人而又善体人意。

九三：明夷于南狩，得其大首。不可疾贞。

《象》曰：南狩之志，乃大得也。

【译文】

九三：鹈鹕伤在君子南去打猎时，找到了大路。卜问疾病不利。

《象传》说：有到南方征伐巡狩的志向，就会有非常大的收获。

六四：入于左腹，获明夷之心于门庭。

《象》曰：入于左腹，获心意也。

【译文】

六四：进入左方山洞，是想深入洞中以了结捕获到鹈鹕的心愿。

《象传》说：进入左方山洞，是说要达到捉它的心愿。

六五：箕子之明夷，利贞。

《象》曰：箕之子贞，明不可息也。

【译文】

六五：箕子遭难退隐，卜问得吉兆。

《象传》说：箕子退隐坚守正道，他的明德千古不灭。

上六：不明，晦。初登于天，后入于地。

《象》曰：初登于天，照四国也。后入于地，失则也。

【译文】

上六：太阳下山，天黑了。太阳开始升起在天空，而后却堕入地下。

《象传》说：开始升起在天空，是说它的光明能够普照四方各国。而后却堕入地下，是说它已经因违背正道而丧失了应有的法则，由光明转入了黑暗。

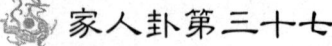
家人卦第三十七

☲ 离下
☴ 巽上

【题解】

本卦阐发治家原则和家庭伦理。家是社会的细胞和基础，也是人伦和社会关系的起点。治家之道通于治国之道，要讲究阴阳调和，刚柔相济，即本着男刚严、女柔顺，男外女内，父严母慈的原则，父母为一家之主，负有领导职责，要防患于未然。治家不能过分宽大，既要有亲情和谐、相亲相爱的天伦之乐，也要讲规矩、尊卑和威严，不可溺于亲情而放任自流，同时主家者还要以身作则，诚信自律。而父子、兄弟、夫妇还要各安其位，各司其职，分工协作。

家人①：利女贞。

【注释】

① 家人：卦名。本卦为异卦相叠（离下巽上）。本卦专讲家庭之事，所以卦名曰："家人"。

【译文】

《家人卦》：卜问妇女之事吉利。

《彖》曰：家人，女正位乎内，男正位乎外。男女正，天地之大义也。家人有严君焉，父母之谓也。父父，子子，兄兄，弟弟，夫夫，妇妇，而家道正。正家，而天下定矣。

【译文】

《彖传》说：《家人卦》表明，对一个家庭来说，女人主持家内事务，男人主持家外事务。男外女内，皆以正道守其位，则是天地间的大义。家庭中应该有严明持正的家长，这就是父母。对家庭中的每个人来说，父亲应该负起父亲的职责，儿子应该负起儿子的职责；兄长要像兄长的样子，弟弟要像弟弟的样子；丈夫要按照做丈夫的要求去做，妻子要按照做妻子的要求去做，如果能够这样，一个家庭就算走上了正道，并治理好了。家庭被治理好，天下也就随之安定而有秩序了。

《象》曰：风自火出，家人。君子以言有物而行有恒[①]。

【注释】

① 恒：恒久，即准则。

【译文】

《象传》说：《家人卦》的卦象是离（火）下巽（风）上，为风从火出之表象，象征着外部的风来自于本身的火，故称为《家人卦》。君子说话要言之有物不空洞，行动要有准则和规矩。

初九：闲有家[①]，悔亡。

《象》曰：闲有家，志未变也。

【注释】

① 闲有家：沙少海先生说："闲，训防。有，用法同于。闲有家，即防于家，是说一个人对有关家庭的意外事故，都须未雨绸缪，预作防范。"

【译文】

初九：防范家里出现意外事故，没有悔恨。

《象传》说：防范家里出现意外事故，就能防患于未然。

六二：无攸遂①，在中馈②，贞吉。

《象》曰：六二之吉，顺以巽也③。

【注释】

① 遂：借为坠，意为失误。

② 中馈：即内馈，即家庭膳食。馈，准备饮食以招待人。

③ 顺以巽：此以六二、九三爻象、爻位为据，六二阴爻喻妇人，九三阳爻喻男人，六二居九三之下，像妇顺于夫。巽，谦逊。

【译文】

六二：若要不出现过失，妇女最好在家中料理饮食起居就行了。卜问一定是吉祥的。

《象传》说：《家人卦》的第二爻位（六二）讲之所以能够吉祥如意，是因为它位置居中，而且顺从而又谦逊的缘故。

九三：家人嗃嗃①，悔②，厉③，吉。妇子嘻嘻，终吝。

《象》曰：家人嗃嗃，未失也。妇子嘻嘻，失家节也④。

【注释】

① 嗃嗃:通嗷嗷。《说文》:"嗷,众口愁也。"
② 悔:愁苦。
③ 厉:借为励,意为勤苦劳作。
④ 家节:家风,家道。节,犹风。

【译文】

九三:家庭贫困,众人愁苦,但能辛勤劳作,可以脱贫致富。而富贵之家,骄奢淫逸,家人只知道嬉笑作乐,终将败落。

《象传》说:贫困之家,而能辛勤劳作,未失正派家风,富贵之家,一味嬉笑作乐,则有失勤俭之道。

六四:富家,大吉①。

《象》曰:富家大吉,顺在位也②。

【注释】

① 富:当借为福。经传中,富福二字常通借。李镜池说:"上爻说的是富裕之家而'终吝';此言'大吉',可证富不是富裕之意,而是借为福。"
② 顺在位:此以六四、九五爻象、爻位为据,六四阴爻居于阴位(第四爻为阴位),是为在位。六四阴爻处于九五阳爻之下,是阴柔顺于阳刚。像家人顺从家长,各守其职。

【译文】

六四:幸福家庭,大吉大利。

《象传》说:幸福家庭,大吉大利,是由于它柔顺的本性决定的。

九五：王假有家①，勿恤，吉。

《象》曰：王假有家，交相爱也。

【注释】

①　王假有家：沙少海先生说："假，这里当假为格，训到。有，这里用法同于。家，这里指家庙，同于《萃》《涣》卦中'王假有庙'之'庙'；因本卦名《家人》，故改'庙称'家'。家庙是人们祭祖先的地方。"《象传》解"家"为臣民之家，与经意不合。

【译文】

九五：君王到家庙祭祀祖先，不要忧虑，祖先福佑家人，凡事吉祥。

《象传》说：君王到臣民之家，说明君臣相亲相爱。

上九：有孚威如，终吉①。

《象》曰：威如之吉，反身之谓也。

【译文】

上九：有信用和威严，结果一定会获得吉祥。

《象传》说：之所以建立尊严和威信能够获得吉祥，是因为能够自我反省之缘故。

睽卦第三十八

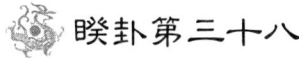

兑下
离上

【题解】

《睽》卦揭示事物的差异性和同一性。"睽"字的含义是违背、不合、分离，表示事物之间的明显差异。有趣的是，《睽》卦讲的全是化睽为合，于异求同。

睽①：小事吉。

【注释】

① 睽：卦名。本卦为异卦相叠（兑下离上）。上卦为离，离为火；下卦为兑，兑为泽。上离下泽，正像水火相克，相克则相生，循环无穷尽，这是自然和社会的普遍现象。所以卦名曰睽。睽，《序卦》："睽，乖也。"意即矛盾。

【译文】

《睽卦》：筮遇此卦，小事吉利。

《彖》曰：睽，火动而上，泽动而下；二女同居①，其志不同行。说而丽乎明②，柔进而上行，得中而应乎刚③，是以"小事吉"。天地睽而其事同也④，男女睽而其志通也，万物睽而其事类也。睽之时，用大矣哉。

【注释】

① 二女同居：《易传》认为兑为长女，离像中女，睽的卦象是二女同居，其志不相通。

② 说而丽乎明：本卦上卦为离，离为日，像君王，下卦为兑，兑义为悦，像臣下以和悦顺从的态度服侍君王。

③ 得中而应乎刚：此以六五、九二爻象、爻位为据。六五阴爻，为柔，处上卦中位，九二阳爻，为刚，处于下卦中位，所以"得中"。六五阴爻与九二阳爻，两同位之爻，刚柔相应，所以说"应乎刚"。

④ 事：功，功能。

【译文】

《象传》说：从《睽卦》的卦象上看，离代表火，位置在上而又向上燃烧，兑代表泽，位置靠下而又向下渗透，所以自然而然地就说明了对立自情事形，离和兑又分别代表长女和少女，因此整个情况就像两个女子虽然住在一起，但志向、情趣、行为却大不相同一样。如果以衷心的欢喜愉悦追随附和着光明，凭着柔顺的力量前进向上，且注意做事有分寸，不要太过，也不要太足，并顺应阳刚的发展趋势和要求，就会得到卦辞中所讲的"做小事吉利"的结果。天和地性质不同，差别很大，但共同生育万物的事理却是一样的；男人和女人性别不一样，但男女结合生育志向却是一样的；天下万物各有各的形态，但它们生生不息的情景却是一致的。由此看来，《睽卦》所展示的对立的道理和不要错过应用它的机会的意义就太大了。

《象》曰：上火下泽，睽。君子以同而异。

【译文】

《象传》说：《睽卦》的卦象是兑（泽）下离（火）上，为水火相遇之表象，故称为《睽卦》。君子观此卦象，从而综合万物之所同，分析万物之所异。

初九：悔亡。丧马，勿逐①，自复②：见恶人，无咎。

《象》曰：见恶人，以辟咎也③。

【注释】

① 逐：追赶，寻找。

② 复：回来。本卦各爻记录了一个旅人在外旅行所历所闻之事，是实际生活的写照，初无深义。《象传》穿凿附会，以爻象、爻位的复杂关系，进行了神秘性的解释。

③ 辟：借为避。《集解》本作避。这里意为消除。

【译文】

初九：悔恨消失。跑掉的马不要去追寻，它自己就会回来。碰到坏人。不会有什么祸患。

《象传》说：碰到坏人，通过这种方法彼此沟通，意在消除恶人的恶意。

九二：贞主于巷，无咎。

《象》曰：遇主于巷，未失道也。

【译文】

九二：在小巷中碰到了热情好客的主人，没有什么灾难。

《象传》说：在小巷中碰到热情好客的主人，说明没有迷失道路。

六三：见舆曳①，其牛掣②，其人天且劓③。无初有终。

《象》曰：见舆曳，位不当也。无初有终，遇刚也。

【注释】

① 舆曳：舆，大车，曳，拖。舆曳为曳舆的倒装。

② 掣：李镜池说："掣，为别体字，正体应作挈或觢，义为牛角一俯一仰，拉得很吃力的样子。"

③ 天且劓：李镜池《周易集辞》："虞翻曰：'黥额为天，割鼻为劓。'"

【译文】

六三：看见拉货的车，拉车的牛一俯一仰拉得很费劲，赶车的人是一个烙了额头和割掉鼻子的奴隶。虽然开始时是这样的困难，但最终还是可以达到自己的目的地。

《象传》说：看见一个烙额割鼻的奴隶在拉车，说明六三爻所处的位置不恰当。开始时极为困难，但最终还是可以达到目的的原因，在于六三阴爻上遇到九四阳爻，像人得到强者的帮助。

九四：睽孤①，遇元夫②，交孚③。厉，无咎。

《象》曰：交孚无咎，志行也。

【注释】

① 睽孤：沙少海先生说："睽，训乖离，这里指旅人。睽孤，旅人孤单地走路。"

② 元夫：闻一多说元应读为兀，兀夫，即跛子。

③ 交孚：交俱。孚，同俘，犹言被抓。《象传》解"孚"为信，与经意不合。

【译文】

九四：旅人孤独地走路，碰见一个跛子。一同被抓，处境危险，但却能免去灾祸。

《象传》说：相互信任，虽有危险，但却能免去灾祸，就在于他们有共同的志向和行动。

六五：悔亡。厥宗噬肤①。往，何咎？

《象》曰：厥宗噬肤，往有庆也。

【注释】

① 厥宗噬肤：沙少海先生说："厥，同其，表领属关系，这里指代旅人。厥宗，犹言跟旅人同族的宗人。训吃。肤，这里训肉。"

【译文】

六五：悔恨消除。同宗族的人在吃肉。前往有何灾祸呢？

《象传》说：同宗族的人在吃肉，表明前往必有喜庆之事。

上九：睽孤，见豕负涂①，载鬼一车②：先张之弧，后说之弧③。匪寇，婚媾。往，遇雨，则吉。

《象》曰：遇雨之吉，群疑亡也。

【注释】

① 负涂：犹言背上有泥。

② 鬼：这里指打扮奇特的人。

③ 后说上弧：弧，弓。张，指开弓。说，借为脱，指放下弓箭。

【译文】

上九：旅人孤独地走路，看见一头背上涂满泥的猪，又遇见一辆载满打扮奇特的人的车，于是就拉开了弓准备对付它，但是后来又放下弓。因为冷静下来一看，发现并不是强盗，而是要去订婚的。照常前往，遇到大雨，但获得吉祥。

《象传》说：遇上大雨，会获得吉祥，是说原来的种种怀疑都已经烟消云散，不复存在了。

蹇卦第三十九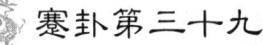

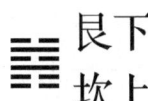 艮下
坎上

【题解】

本卦喻示怎样看待困难和超越困境的道理,同时指出解决困难和度过艰险是一个长期的艰苦的过程,不会一蹴而就的,但逆境也并非完全是坏事,处理得好,坏事可变成好事,因为祸福危易之间是可以相互转化的。当然要想化危为安是有条件的,需要君子反躬自省,加强自我的道德修养,并聚集起各方力量,在一个权威的领导下,上下齐心协力,才有成功的可能,同时还要选准时机,机智灵活而又进退合宜。艰险当前不可心存侥幸而贪功冒进,应见险知止,但也不能畏缩不前,应积极谋求对策。化险为夷的关键还在于坚守正道,得道多助。

蹇①:利西南,不利东北。利见大人。贞吉。

【注释】

① 蹇:卦名。本卦为异卦相叠(艮下坎上)。上卦为坎,坎为水;下卦为艮,艮为山。山上有水,山石嶙峋,水流曲折。山高水险,喻人行路艰难,修业不息,所以卦名曰蹇。蹇,《象辞》"难也"。

【译文】

《蹇卦》：利于向西南行，不利于向东北行。利于会见王公贵族，卜问获得吉祥。

《彖》曰：蹇，难也，险在前也。见险而能止[①]。知矣哉[②]。蹇"利西南"，往得中也。"不利东北"，其道穷也。"利见大人"，往有功也。当位"贞吉"[③]，以正邦也。蹇之时，用大矣哉。

【注释】

① 见险而能止：本卦上卦为坎，坎有险义；下卦为艮，艮有止义。所以《蹇卦》体现了见险能止的意蕴。

② 知：借为智。

③ 当位贞吉：此以六二、九五爻象、爻位为据。六二阴爻居阴位（第二位为阴位），九五阳爻居阳位（第五位为阳位）是为得位。贞，《彖传》释为"贞正"，以配六二、九五之爻象，与经意不符。

【译文】

《彖辞》说：《蹇卦》，艰难的意思。遇到危险能停止而不轻举妄动，这才是明智的做法。蹇卦卦辞说："向西南前进有利"，只有这样行动，才比较适宜得当。"不利于向东北方向前进"，是因为那样做就会走向绝路。"利于会见王公贵族"，是说在这时如果能够积极行动，就会建功立业。另外，当国家处于危难时，人们只要负起责任，坚守正道，始终如一，就能拯救国家，摆脱困境，因此，《蹇卦》所揭示出的怎样把握和处理危难的方法与原则的确是太有价值了。

《象》曰：山上有水，蹇。君子以反身修德。

【译文】

《象传》说：《蹇卦》的卦象是艮（山）下坎（水）上，为高山上积水之表象，故称为《蹇卦》。面对这种情况，君子应该很好地反省自己，提高自己的品德修养。

初六：往蹇来誉①。

《象》曰：往蹇来誉，宜待也。

【注释】

① 誉：闻一多说："誉，读为𧺆。"《说文》："𧺆，安行也。"

【译文】

初六：出门艰难，归来安适。

《象传》说：出门艰难，归来安适，是说知难而退，坐待时机。

六二：王臣蹇蹇①，匪躬之故。

《象》曰：王臣蹇蹇，终无尤也。

【注释】

① 蹇蹇：前一蹇字为动词，犹言犯难，冒险。后一蹇字用如名词，艰难。蹇蹇犹言屡碰艰难，冒险履难。

【译文】

六二：王臣屡碰艰难，并不是自身的缘故。

《象传》说：王臣屡碰艰难，其自身始终没有过错。

九三：往蹇来反①。

《象》曰：往蹇来反，内喜之也。

【注释】

① 反：《周易通义》："反：犹反反。犹誉之借为与与。《诗·宾之初筵》：'威仪反反。'反反，广大美好的样子。"

【译文】

九三：出门时困难重重，归来时笑逐颜开。

《象传》说：出门时困难重重，归来时笑逐颜开，是发自内心的喜悦。

六四：往蹇来连①。

《象》曰：往蹇来连，当位实也。

【注释】

①连：《集解》引虞翻曰："连，辇也。"《周礼·地官·乡师》："大军旅会同，正治其徒役与其辇辇。"郑注："辇，挽车也。"《说文》："连，负车也。"连、辇有相通之处。沙少海先生说："来辇，犹言来时乘车。"

【译文】

六四：出门时艰难，归来时却有车乘坐。

《象传》说：出门时艰难，归来时却有车乘坐。是指这一爻所处的位置恰当切实。

九五：大蹇，朋来①。

《象》曰：大蹇，朋来，以中节也。

【注释】

① 朋：这里指朋贝，即钱财。《象传》解"朋"为朋友，与经意有别。

【译文】

九五：经历了许多艰难，终于获得大利。

《象传》说：处境极为艰难，却有友人协助他渡过危难，因为九五之爻居上卦中位，像人节操贞正自能获救。

上六：往蹇来硕①，吉。利见大人。

《象》曰：往蹇来硕，志在内也。利见大人，以从贵也。

【注释】

① 硕：大，大的。

【译文】

上六：出门时艰难，归来时大有收获，这样做就会吉祥如意。有利于见贵族王公。

《象传》说：出门时艰难，归来时大有收获，说明士气高昂，奋勇取胜。有利地会见王公贵族，说明应当追随尊贵的君主去建功立业。

解卦第四十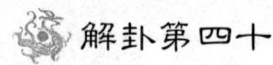

☷ 坎下
☳ 震上

【题解】

《解》卦象征患难已经成为过去的时代，揭示此时处理内部问题的目的和原则，目的是为了国家的安宁太平。原则有二，一是宜静不宜动，不要无事求功，妨害休养生息；二是宜速不宜迟，要抓紧解决出现的问题，免得积重难返，酿成后患。

解①：利西南，无所往，其来复，吉。有攸往，夙②，吉。

【注释】

① 解：卦名。本卦为异卦相叠（坎下震上）。上卦为震，震为雷，下卦为坎，坎为雨。雷雨交加，荡涤宇内；阴阳交合，惊蛰震伏。从而万象更新，万物育生，所以卦名曰解。

② 夙：早。

【译文】

《解卦》：利于往西南行，但如果没有目标，则不如返回，返回则能吉祥如意。如果有了目标，就应该及时早行，早行才能获得吉祥。

《彖》曰：解，险以动，动而免乎险，解。解"利西南"，往得众也。"其来复，吉"，乃得中也。"有攸往，夙，吉"，往有功也。天地解而雷雨作，雷雨作而百果草木皆甲坼①，解之时，大矣哉。

【注释】

① 甲坼：犹言破土发芽，生枝长叶。

【译文】

《彖传》说：《解卦》的下卦是坎，上卦是震，分别代表着险境和行动，身在险境而又能够有所行动，有所行动就会摆脱危难而走出险境，所以称为解卦。卦辞说："利于往西南方向行事"，是因为西南代表众人，如果解除了他们的祸患，就必然会得到他们的拥戴。"返回去吉祥如意"，是因为只有这样做了，才符合事物发展的规律，"如果有了目标，就应该及时早行，早行才能获得吉祥"，说明只要能够解脱灾难，就一定会建功立业的，这表明天地的对立差异一旦得到交融和解，就会形成震荡的春雷和润泽的甘霖一样；春雷震荡，甘霖润泽，就会使天下所有的果木花草突破种子的外壳而展露出勃勃生机。由此看来，解脱灾难祸患的意义实在是太大了！

《象》曰：雷雨作，解。君子以赦过宥罪。

【译文】

《象传》说：《解卦》的卦象是坎（水）下震（雷）上，坎又代表雨。为春雷声声，春雨潇潇，万物舒展生长之表象，故称为《解卦》。因此，君子也应该勇于赦免那些有过错的，饶恕那些有罪过的，使他们在宽松的环境下，得到解脱和新生。

初六：无咎①。

《象》曰：刚柔之际，义无咎也②。

【注释】

① 本爻无贞事辞，只有贞兆辞。

② 刚柔之际：际，交际，交会。此以初六、九二爻象、爻辞为据。初六阴爻，为柔，处于九二阳爻（为刚）之下，是刚柔交际之象，喻君臣、夫妻和衷共济。

【译文】

初六：卜问没有灾祸。

《象传》说：处在刚柔相济，相辅相成的地位，喻君臣、夫妻和衷共济，其义自然不会有什么灾祸的。

九二：田获三狐，得黄矢①。贞吉。

《象》曰：九二贞吉，得中道也。

【注释】

① 黄矢：铜箭头。

【译文】

九二：打猎时捕获三只狐狸，又从狐狸身上得到了铜箭头。卜问得吉祥。

《象传》说：《解卦》的第二爻位（九二）之所以能获得吉祥，是因为它能够遵循中正之道，符合事物发展的规律。

六三：负且乘，致寇至，贞吝。

《象》曰：负且乘，亦可丑也，自我致戎，又谁咎也？

【译文】

六三：肩扛着沉重的东西，却又坐在华丽的大车上，招来强盗抢掠。卜问得灾祸之卦象。

《象传》说：肩扛着沉重的东西，却又坐在华丽的大车上必然会带来灾祸，这样的行为简直是太丑陋了。由于自己的原因而招致盗寇，这又能去责怪谁呢？

九四：解而拇①，朋至斯孚②。

《象》曰：解而拇，未当位也③。

【注释】

① 解而拇：沙少海先生说："解，声借为懈，训懈怠。而，汉帛书《周易》作其，当从之，拇，通跨，训脚大指，这里代脚，解而拇，犹言懒动脚，即不想走。"

② 本爻当为商旅之人一次生活遭遇的记录，《象传》则将其抹上政治色彩。

③ 未当位：此以九四爻象、爻位为据。九四阴爻而居阴位，亦喻人不称其位。

【译文】

九四：赚了钱即懒怠不想走，结果被人虏去。

《象传》说：懒怠不想动，说明其人怠于职守，不称其位。

六五：君子维有解，吉①，有孚于小人②。

《象》曰：君子有解，小人退也。

【注释】

① 维：闻一多说："维犹系也。解，释也。'维有解'即系而得释。"

② 孚：惩罚。

【译文】

六五：君子被捆绑了又获释，吉祥。小人则将受罚。

《象传》说：君子获释而主政，小人就自己会畏惧退避的。

上六：公用射隼于高墉之上①，获之，无不利。

《象》曰：公用射隼，以解悖也②。

【注释】

① 墉：城墙。

② 悖：《尔雅·释诂》："悖，强也。"《释言》："强，暴也。"悖，即强暴。

【译文】

上六：王公在高高的城墙上，用箭射中一只鹰，并且抓到它，没有什么不吉利的。

《象传》说：王公射鹰，意在除强去暴。

损卦第四十一

☷ 兑下
  艮上

【题解】

损,在本卦中的主要含义为减省。损的范围可以涵盖国家、社会、集体、个人、君臣、上下等各个方面,比如损刚益柔、损己益人、损私益公、损奢从俭,等等,而这些又都是事物发展过程中的普遍现象。研习《损》卦,可以看出,损的原则是损所当损,判断是否当损的标准,一是符合社会公认的道德规范行为准则,二是客观上是否需要。损的思想基础是真心诚意,形式是自觉自愿,目的和意义在于提高人的思想境界,从而主动关心大局,以国家、社会利益为重。

损①:有孚,元吉,无咎,可贞。利有攸往。曷之用二簋②,可用享③。

【注释】

① 损:卦名。本卦为异卦相叠(兑下艮上)。上卦为艮,艮为山;下卦为兑,兑为泽。上山下泽,有大泽侵蚀山根之象。所以卦名曰损。用以警戒社会:剥民则损害国基,损人则伤于德行,损益之间,不得不慎。

② 曷之用二簋:曷,高亨说:"借为饁,馈食也。"簋,盛

饭的圆器，如同饭盆。

③ 卦辞记录三占：有孚。利有攸往。曷之用二簋。虽事不相关，但主题统一，表示损中有益，同属吉利。

【译文】

《损卦》：得俘虏，大吉大利，没有灾祸，是称心的卜问。所往将有利。有人送来二盒食物，可用来祭祀。

《象》曰：损，损下益上①，其道上行。损而有孚②，元吉，无咎，可贞③。利有攸往。曷之用二簋，可用享。二簋应有时，损刚益柔有时。损益盈虚，与时偕行。

【注释】

① 损下益上：本卦上卦为艮，艮为山；下卦为兑，兑为泽。《象传》以山比喻统治者，以泽比喻下层群众。它认为剥损人民奉养统治者，是天经地义之事。下文"损刚益柔"其义与此同。

② 孚：信。

③ 贞：《象传》释为中正，犹言稳定。

【译文】

《象传》说：《损卦》，就是减损卑下一方来使高贵的一方受益，呈现出自下而上的运行方式。这种减损卑下一方的行为必须"取得众人的信任，才可能带来最大的吉祥，不会遭到灾难，可以稳定社会，前去行事才会获利。用什么祭祀神灵呢？两簋粗淡的食物就足够了"。应注意，这种用两簋粗食祭享神灵的做法，一定要按照时机进行，减损阳刚去使阴柔一方受益也要适逢其时恰如其分地进行。总之一句话，减损和增益，充实和空虚，都应该顺应天时的变化规律。

《象》曰：山下有泽，损。君子以惩忿窒欲。

【译文】

《象传》说：《损卦》的卦象是兑（泽）下艮（山）上，为山下有湖泽之表象，湖泽渐深而高山愈来愈高，故称为《损卦》。君子由此应该抵制狂怒暴躁的脾性，杜绝其贪欲。

初九：已事遄往①，无咎。酌损之②。

《象》曰：已事遄往，尚合志也。

【译文】

初九：祭祀的大事要赶快前去参加，这样才不会有灾祸临头。祭品过多可酌量减损。

《象传》说：祭祀大事要赶快前去参加，体现了敬畏鬼神的心意。

九二：利贞。征，凶。弗损，益之。

《象》曰：九二：利贞，中以为志也。

【译文】

九二：吉利的卜问。征伐他国会有凶险。这样做对他国非但不能减损，反而使之受益。

《象传》说：《损卦》的第二爻位（九二）讲之所以吉利的卜问，是因为九二天爻居下卦中位，像人行事以正中之道为志向。

六三：三人行则损一人，一人行则得其友。

《象》曰：一人行①，三则疑也。

【注释】

① 一人行：高亨说："行上疑脱志字。志行，谓其主张得以实行。疑，为主张分歧，不得不实行，意见相对。"可备一说。无"志"字与文义亦无碍。

【译文】

六三：三个人同行，由于互相掣肘会使一个人受到伤害；一个人独行，就会专心一意地寻求伙伴，最终必定能遇到志同道合的朋友。

《象传》说：一个人独行无牵无挂，事无掣肘。三个人同行，则会相互猜疑而各持己见。

六四：损其疾，使遄有喜①，无咎。

《象》曰："损其疾"，亦可喜也。

【注释】

① 有喜：高亨说："古人谓病愈为有喜，因其为可喜之事也。"

【译文】

六四：要消除疾病，赶快求巫祭神，病就会好转，不会有任何灾祸。

《象传》说：为消除疾病而去求巫祭神，也是可喜之事。

六五：或益之十朋之龟①，弗克违，元吉。

《象》曰：六五元吉，自上祐也。

【注释】

① 十朋之龟：言价值昂贵。

【译文】

六五：有人送来价值十朋的大宝龟，想推辞都不行，大吉大利。

《象传》说：《损卦》的第五爻位（六五）讲之所以获得大吉大利，完全是上天保佑的结果。

上九：弗损益之，无咎，贞吉。利有攸往。得臣无家①。

《象》曰：弗损益之，大得志也。

【注释】

① 臣无家：臣，这里指奴隶。铜器铭文每说锡臣多少家，知奴隶以家计算。无家，当为单身奴隶。

【译文】

上九：用不着自我减损就可以使他人增益，没有一点灾患，占卜的结果十分吉利。有所往则必获利，定能获得一单身奴隶。

《象传》说：用不着自我减损就可以使他人增益，是因为公允执中，大为得志。

益卦第四十二

☴ 震下
　 巽上

【题解】

《益》卦的立意和《损》卦相通、互外。如果说，《损》卦着重讲损下益上，《益》卦则相反，讲的是损上益下。不过在《益》卦卦辞里，"益"的含义并不专指损上益下，而是包括一切兴利保民的事情在内，强调在这方面要干大事，要主动，不能坐而论道，贻误时机。

益①：利有攸往。利涉大川。

【注释】

① 益：卦名。本卦为异卦相叠（震下巽上）。上卦为巽，巽为风；下卦为震，震为雷。风雷激荡，其势愈增。所以卦名曰益。与损卦之义，互相对立，构成一个统一的组卦。参见前注。

【译文】

《益卦》：利于有所往。利于渡河涉水。

《彖》曰：益，损上益下①，民说无疆②，自上下下③，其道大光。"利有攸往"，中正有庆④。"利涉大川"，木道乃行。益动而巽⑤，日进无疆。天施地生,其益无方⑥。凡益之道,与时偕行。

【注释】

① 损上益下:正与损卦《象传》"损下益上"对待而言,参见前注。

② 无疆:犹言无边。

③ 下下:前一"下"为动词,犹言深入。后一"下"用如名词,即下层,犹言民间。

④ 中正有庆:此以六二、九五爻象、爻位为据。六二阴爻居阴位(第二位为阴位),处下卦中位。九五阳爻居阳位(第五爻为阳位),处上卦中位,是正得其位。《象传》又以六二喻臣民,九五喻君王,像君臣百姓各安其位。

⑤ 益动而巽:益指《益卦》。上卦为震为动,下卦为巽为谦。敢为而谦逊,是《益卦》的意蕴。

⑥ 无方:不分种类,不分地域,一视同仁。

【译文】

《象传》说:《益卦》,就是通过减损上层高贵一方,来使下层卑贱下方受益,广大民众,内心喜悦无限。恩惠自上而下广泛施向民间,这种体恤下情的精神必定会大放光芒。"利于有所往",是因为保持中庸之道,采取了不偏不倚的公正态度,所以前去行事必定会带来喜庆吉祥。"利于渡河涉水",就是说借助于舟楫和桥梁的便利,前进的道路将会畅通无阻。增益过程由雷霆般的主动进取与微风般的温和谦让组成,一天比一天发展而没有个尽头。就好比上天降下雨露,大地承受而滋生万物一样,这种增益活动不受地域限制,遍及四面八方。总的来看,减损高贵一方使卑下者受益的关键所在,就是要掌握时机酌情进行。

《象》曰：风雷，益。君子以见善则迁，有过则改。

【译文】

《象传》说：《益卦》的卦象是震（雷）下巽（风）上，为狂风和惊雷互相激荡、相得益彰之表象，故称为《益卦》。君子应当看到良好的行为就马上向它看齐，有了过错就马上改正，以不断增强自身的美好品德。

初九：利用为大作①，元吉，无咎②。

《象》曰：元吉，无咎，下不厚事也③。

【注释】

① 大作：犹言大兴土木。

② 沙少海先生说："《益卦》则根据周室兴衰的史实，着重阐述周室由兴到衰，即由益到损的变迁情况。"验之各爻辞，其说甚是。此爻所指，李镜池说："联系下文及周人的历史看，这个'大作'似指太王迁岐后作庙筑城，文王作丰，周公营建洛邑等。这些'大作'必然要占卜。《周易》即根据占卜材料编选入书。"《象传》作者则没有顾虑这些史料的特指意义，只作了一般性的解说。

③ 下不厚事：下，这里指庶民。厚，俞樾说："厚读为后。"厚事即后事，犹言拖拉了工程进度。

【译文】

初九：利于大兴土木，大吉大利，并无灾祸。

《象传》说：大吉大利，并无灾祸，表明百姓不甘落后，努力工作。

六二：或益之十朋之龟，弗克违①。永贞吉。王用享于帝，吉。

《象》曰：或益之，自外来也。

【注释】

① 此二句与损卦六五爻辞同。但与下文连看，似与文王有关。《书·大诰》："予不敢闭于天降威，用宁王遗我大宝龟，绍天明。"意即文王送我们大宝龟，命我们继承天命。录此以备考。

【译文】

六二：有人赐予价值昂贵的大乌龟，没有办法辞让。在任何时候占卜其结果永远是吉祥的。君王如果在此时祭祀天神，也会如愿以偿获得吉利。

《象传》说：有人赐予宝龟，是说这宝龟是从外面送来的。

六三：益之用凶事①，无咎，有孚，中行告公用圭②。

《象》曰：益用凶事，固有之也。

【注释】

① 凶事：犹言丧事。此处似指武王逝世。

② 中行：途中。

【译文】

六三：举办丧事要增加礼数，没有灾祸。抓获俘虏，在途中报告周公用玉珪来祭祀。

《象传》说：因举办丧事而增加礼数，这是自然之理。

六四：中行告公，从，利用为依迁国①。

《象》曰：告公从，以益志也。

【注释】

① 依：即殷。《康诰》"殪戎殷"，《中庸》引作"壹戎衣（依）"，可证衣、依、殷古音相同。此句疑讲周公听从成王之命将殷商遗民分封给各侯国之事。

【译文】

六四：途中报告周公，周公听从了，并将殷商的遗民分封给各封国。

《象传》说：周公听从王命，说明君臣意志一致。

九五：有孚，惠心勿问①，元吉。有孚，惠我德。

《象》曰：有孚，惠心勿问之矣。惠我德，大得志也。

【注释】

① 惠心勿问：惠，贾谊《新书·道篇》："心省恤人谓之惠。"惠心，好心。勿问，不必追问。惠心勿问，犹言安抚俘虏，不追究其罪责。

【译文】

九五：抓获俘虏，安抚他们，不用追究，大吉大利。这些，俘虏将感戴我的恩德。

《象传》说：抓获俘虏，安抚他们，不用追究，使他们感戴我的恩德，说明这样可以笼络人心。

上九：莫益之①，或击之②，立心勿恒，凶。

《象》曰：莫益之，偏辞也③，或击之，自外来也。

【注释】

① 莫益之：莫，不定代词，犹言没有人。益，帮助。

② 或击之：或，不定代词，犹言有人。击，攻击。

③ 偏：当读为遍，即普遍。

【译文】

上九：没有人帮助他，倒是有人来攻击他。内心拿定了主意却不能持之以恒，必然会有凶险临头。

《象传》说：没有人来帮助他，这是普遍的说法。有人攻击他，说明这攻击来自外部。

夬卦第四十三

☱ 乾下
☱ 兑上

【题解】

夬，音（guài），义为果断除掉。《夬》卦认为，阳刚，君子应以决断的气势，清除阴柔、小人。但要注意保持和平局面，做得令人心悦诚服。围绕这一主旨，卦辞提出阳刚、君子必须注意三点：一是公开暴露小人面目，二是教育民众警惕小人，三是采用非武力的手段。提出这三点的依据，在于此卦中的阳刚增长，占有极大优势；阴柔衰退，已成强弩之末。因此，君子必须藐视对手，主动出击。否则，扫帚不到，灰尘不会自己跑掉。

夬①：扬于王庭②，孚号③："有厉。"告自邑："不利即戎④。"利有攸往⑤。

【注释】

① 夬：卦名。本卦为异卦相叠（乾下兑上）。上卦为兑，兑为泽；下卦为乾，乾为天，兑上乾下，有洪水涨上天之象，洪水滔天，必冲决堤防，所以卦名曰夬。夬，《序卦》："夬者，决也。"

② 扬：《礼记·乐记》："乐者非谓黄钟、大吕、弦歌、干

扬也。"干,兵器,今犹干戈连语。干扬,即以兵器为道具起舞。即所谓武舞。

③ 孚号:即呼号。

④ 戎:武装,这里指军事行动,即戎,犹言投入战斗。

⑤ 利有攸往:李镜池说:"是占行旅,不连上读。"

【译文】

《夬卦》:王庭里正跳舞作乐。有人呼告:"有敌人来犯。"邑中传来命令:"不要轻举妄动,此时出兵不利。"有所往则吉利。

《象》曰:夬,决也。刚决柔也①。健而说,决而和。"扬于王庭",柔乘五刚也②。"孚号有厉③",其危乃光也。"告自邑,不利即戎",所尚乃穷也。"利有攸往",刚长乃终也④。

【注释】

① 刚决柔:本卦初、二、三、四、五爻均为阳爻,为刚;仅第六爻为阴爻,为柔。阳刚强盛,阴柔弱小,故曰"刚决柔"。

② 此二句《象传》认为本卦上六阴爻,居于五阳爻之上,是小人凌驾群贤,阴柔凌驾群刚之象。

③ 孚号有厉:《象传》释"孚号"为号令。释"厉"为严厉。正缘它所理解的小人,"扬于王庭"的意思而来。

④ 长,增长。夬卦下五爻皆为阳爻,为刚,再上进一位,则全卦之爻皆阳,阴柔彻底消退。比喻去尽小人,留得满朝君子。

【译文】

《象传》说:《夬卦》,就是决断的意思。刚能决胜于柔。刚健而又和悦,敢于决断又能和睦相处。"小人被举用于王庭",这是因为上六阴爻居于全卦阳爻之上。"小人窃位，发号施令，声厉词严"，是说小人得势，蕴藏着危机。"邑中传来命令说出击不利"，因为出兵作战，崇尚武力，是穷国之道。"利有所往"，是说上六之爻，孤悬独立，阳刚之爻再增进一步，则全卦纯阳，意味着小人消退，君子得势。

《象》曰：泽上于天，夬。君子以施禄及下，居德则忌。

【译文】

《象传》说：《夬卦》的卦象是乾（天）下兑（泽）上，为湖水蒸发上天，即化为雨倾注而下之表象，故称为《夬卦》。君子应该自觉地向民众广施恩德，不能居功自傲，并以此为忌。

初九：壮于前趾①，往不胜为咎。

《象》曰：不胜而往，咎也。

【注释】

① 壮：借为戕，即伤。

【译文】

初九：伤在脚趾，若继续前进，将因脚力不胜而招致灾祸。

《象传》说：脚力不胜而继续前进，将致灾祸。

九二：惕号①，莫夜有戎，勿恤。

《象》曰：有戎勿恤，得中道也。

【注释】

① 惕号：惊呼。

【译文】

九二：忽然听到惊叫声，深夜敌人来犯，用不着担忧。

《象传》说：深夜敌人来犯，用不着担忧，这是因为九二爻处在下卦的中位，能够信守中庸之道。

九三：壮于頄①，有凶。君子夬夬独行②，遇雨若濡③，有愠，无咎。

《象》曰：君子夬夬，终无咎也。

【注释】

① 頄：颧骨。

② 夬：急急的样子。

③ 濡：淋湿。

【译文】

九三：伤在颧骨，有凶险。君子匆忙地独自走路，即使遇上大雨浑身湿透而心怀恼怒，却不会有任何灾祸。

《象传》说：君子匆忙地独自走路，但没有灾祸。

九四：臀无肤，其行次且①。牵羊悔亡，闻言不信。

《象》曰：其行次且，位不当也。闻言不信，聪不明也。

【注释】

① 次且：借为趑趄。行走困难。

【译文】

九四：屁股上蹭破了皮，走起路来必然步履维艰。若是紧紧牵着羊行走，就不会出现丢羊之事而后悔，这是对别人的告诫不相信。

《象传》说："走起路来步履维艰，是因为所处位置失当。对别人的告诫听不进去，说明听觉正常而决断不明。"

九五：苋陆夬夬中行①，无咎。

《象》曰：中行无咎②，中未光行。

【注释】

① 苋陆：当作㲼，王夫之《周易稗疏》："㲼字，音胡官切。山羊细角者也。"

② 中行无咎：《象传》释"中行"为行中，犹言行中正之道，与经意有异。

【译文】

九五：细角山羊在路上跳得很快，没有灾祸。

《象传》说：行中正之道，只得暂时无灾祸，大概是没有将中行之道推广施行。

上六：无号①，终有凶。

《象》曰：无号之凶，终不可长也。

【注释】

① 无号：高亨说："当作犬，形似而误。号，哭号。古人以犬号为凶逃。《墨子·兼爱》下篇：'昔者三苗大乱，犬哭于

市。'是其例。故爻辞言：'犬号，终有凶。'"《象传》认为无号即无号令，与经意有别。

【译文】

上六：狗在狂叫，预兆着终将有凶险之事。

《象传》说：国无号令，其势必然凶险，说明国运衰败，终不可保。

姤卦第四十四

☴ 巽下
☰ 乾上

【题解】

《姤》卦讲明阴与阳相遇，立意是防患未然。卦辞着重从一般性的意义上讲，内容包括天地、男女、君臣种种相遇在内。认为相遇的情况有好有坏，关键要看阴阳是否相辅相成，配合得当。而这些，又要依赖时间条件，有时能得当，有时无法得当。

姤①：女壮，勿用取女。

【注释】

① 姤：卦名。本卦为异卦相叠（巽下乾上）。上卦为乾，乾为天；下卦为巽，巽为风。天下有风，吹拂万物；阴阳交遇，万物盛壮。在《彖》《象》看来，用喻君王在上，颁教命于下，风行天下，洽合人意，治道大行，所以卦名曰姤。姤，当读为遘，《说文》："遘，遇也。"即交合之意。《姤卦》与《夬卦》卦象相对，构成了一个统一的组卦。

【译文】

《姤卦》：女子过分强壮，不适合娶来做妻子。

《彖》曰：姤，遇也，柔遇刚也①，"勿用取女"，不与长也。天地相遇，品物咸章也②。刚遇中正③，天下大行也。姤之时，义大矣哉。

【注释】

① 柔遇刚：本卦的基本结构是，初六阴爻居下，其余五阳爻居于上。意为阴爻初生，即所遇者皆为阳爻，故曰"柔遇刚"。

② 品物咸章：品，种类。品物，犹言物类，万物。咸，皆。章，犹言茂盛。

③ 刚遇中正：本卦九二阳爻，为刚，居下卦中位，九五阳爻，为刚，居上卦中位，均得其位。像君子得位，行贞正之道。

【译文】

《彖传》说：《姤卦》，就是相遇，即是说阴柔与阳刚相遇。"不适合娶来做妻子"，是因为女子过分强壮，遇到的男子当不止一个，娶来做妻子必定不会长久相处的。天与地相遇却是另一种情形，天下万物均受到滋养而蓬勃壮大。君臣如果分居其位而又坚守正道，就会走遍天下畅通无阻。以上种种相遇的情况表明，《姤卦》的现实意义真是太宏大了！

《象》曰：天下有风，姤。后以施命诰四方①。

【注释】

① 后：君王。

【译文】

《象传》说：《姤卦》的卦象是巽（风）下乾（天）上，为天下有风，与万物相依之表象，故称为《姤卦》。正如风吹拂大地的情形一样，君王也应该施教于天下，昭告四方。

初六：系于金柅①。贞吉。有攸往，见凶。羸豕孚跟着蹢躅②。

《象》曰：系于金柅，柔道牵也。

【注释】

① 金柅：金，这里指黄铜。柅，高亨说："织布帛的一种工具，缠线于其上，线之一端系于机，此物东北人呼为'闹子'，闹即柅之转音。"系于金柅，是梦中之象，求筮者以此求占吉凶。本卦六爻皆以梦象为占。梦中之象多为日常生活中现象的反映，无深义。《象传》不甘以平易解之，故作高深之辞，这是布道者惯用的手法。

② 羸豕孚：羸，瘦弱。豕，猪。孚，躁也。

【译文】

初六：细线系在纺车轮上的铜把手，占卜结果会很吉祥。若卜问出行，会遇到凶险，就像瘦弱的猪因烦躁而团团乱转。

《象传》说：细线系在纺车轮上的铜把手，是说柔被刚牵制，像柔弱者依赖于刚强者。

九二：包有鱼①，无咎，不利宾②。

《象》曰：包有鱼，义不及宾也③。

【注释】

① 包：《释文》：包，即厨。包有鱼，梦占之辞。

② 宾：这里用如动词，犹言宴请宾客。

③ 义：读为宜。当时认为鱼不宜用来宴客，当用牛羊猪肉等。

【译文】

九二：厨房里有鱼，不会有灾祸。但不利于拿来请宾客。

《象传》说：厨房里有鱼，是不宜用鱼来宴宾的。

九三：臀无肤，其行次且。厉，无大咎也。

《象》曰：其行次且，行未牵也。

【译文】

九三：屁股上蹭破了皮，走起路来很困难。会遇到危险，但不会有大的灾祸。

《象传》说：走起路来很困难，因为没有人扶持。

九四：包无鱼。起凶①。

《象》曰：无鱼之凶，远民也。

【注释】

① 起凶：引起争执是凶。起，引起。《周易集辞》："夭民而动，失应而作，是以凶也。"

【译文】

九四：厨房里没有鱼。引起争执会发生凶险。

《象传》说：厨房里没有鱼而引起凶险，就好像君主失去民众的支持，因为脱离民众，当然会发生凶险。

九五：以杞包瓜①，含章，有陨自天。

《象》曰：九五含章，中正也。有陨自天，志不舍命也②。

【注释】

① 以杞包瓜：《周易集辞》："薛虞记曰：'杞，杞柳也。杞性柔韧，宜屈挠以包瓜。'"

② 含章：犹言很有文采。《象传》释"含章"为内心蕴含美德之意。

【译文】

九五：用杞树枝叶包住瓜，外表很好看。忽然瓜从头顶掉落。

《象传》说：《姤卦》的第五爻位（九五）讲内心怀着美好的品德，表明尽管你处在最尊贵的地位，却能够坚守中道，心地纯正。自天上陨落，说明高尚的志行不得施行，故舍命而殉志。

上九：姤其角①，吝，无咎。

《象》曰：姤其角，上穷吝也。

【注释】

① 姤：遭遇。"姤其角"也是梦象。

【译文】

上九：碰上野兽的长角，虽有危险，不过也不会有大的灾祸。

《象传》说：碰上野兽的长角，因为上九阳爻居一卦之尽头，像人处于穷困之境地。

萃卦第四十五

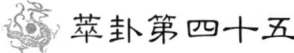
坤下
兑上

【题解】

《萃》卦阐述聚集方面的问题,讲群体的结合原则。萃,本意指草的丛生状态,引申为聚集。物以类聚,人以群分,类群表示的就是聚集。自然、社会,都是在聚集的状态中生存、进化和发展的。不过《萃》卦讲的聚集,不是一般性的,而是政治性的,强调下向上聚合,臣民向君王靠拢。本卦重视聚合成群,与道家看重遗世独立,自是不同的思想体系。

萃①:亨。王假有庙②。利见大人,亨,利贞。用大牲③,吉。利有攸往。

【注释】

① 萃:卦名。本卦为异卦相叠(坤下兑上)。上卦为兑,兑为泽;下卦为坤,坤为地。有泽淹大地,洪水横流之象。用比喻政事丛杂,危机四伏。以警戒君子顺天任贤,防范于未然,所以卦名曰萃。萃《彖传》:"萃,聚也。"

② 假:《集解》引虞翻曰:"假,至也。"

③ 大牲:牛。古代以牛为大牲。

【译文】

《萃卦》：亨通。君王到宗庙里祭祀。占得此卦利于会见王公贵族，亨通，这是吉利的卜问。用牛的祭品献祭，能够带来吉祥。有所往吉利。

《彖》曰：萃，聚也。顺以说，刚中而应，故聚也①。"王假有庙"，致孝享也。"利大人，亨"，聚以正也。"用大牲，吉，利有攸往"，顺天命也。观其所聚，而天地万物之情可见矣。

【注释】

① "顺以说"三句：本卦下卦为坤，坤义为顺，上卦为兑，兑义为悦。所以柔顺而又和悦是萃卦的意蕴。九五阳爻，为刚，居于上卦中位，所以说"刚中"。它与居于下卦中位的六二阴爻，同位相应。这些从不同角度反映出的综合性的卦、爻之象，就组成了《萃卦》的卦象。它的哲理的和社会的含义则表现为"聚"。聚，聚积，团结。

【译文】

《彖传》说：《萃卦》，就是聚集的意思。顺应事理，取悦人心，君子各守中正之道，互相和应，这就是聚集了。"君王到宗庙里祭祀神灵"，主要是向神灵奉献祭品，表达孝敬的心意。"利于会见王公贵族，亨通"，意思是说君子的聚集，是本着光明正大的原则，而非私心驱动。"用牛的祭品献祭能够带来吉祥如意，有所往则有利"，这是顺应天命的举动，因而十分有利。观察这种万物聚合的现象，就可发现天地间万物发展的自然规律。

《象》曰：泽上于地，萃。君子以除戎器①，戒不虞②。

【注释】

① 除戎器：《集解》引虞翻曰："除，修。戎兵也。"
② 不虞：意外之患。

【译文】

《象传》说：《萃卦》的卦象是坤（地）下兑（泽）上，为地上有湖，四面八方的细流都源源不断汇入湖中之表象，故称为《萃卦》。因此君子应当修缮甲杖兵器，以防发生意外的变故。

初六：有孚不终①，乃乱乃萃②，若号③，一握为笑④，勿恤。往，无咎。

《象》曰：乃乱乃萃，其乱也。

【注释】

① 不终：犹言抓来后又逃跑。
② 乃乱乃萃：乱，纷乱。萃，当读悴，忧虑。
③ 若号：若，高亨说："若，犹而也。"号，呼号。
④ 一握：闻一多谓同嗌喔、咿喔，笑声（见《周易义证类纂》）。

【译文】

初六：抓获俘虏，却又逃跑，引起纷乱和忧虑，大家呼叫着四处追捕。追到了众人又化怒为笑，用不着忧虑，前去行事不会遇到灾祸。

《象传》说：纷乱和忧虑，是因为众人神志昏乱。

六二：引吉①，无咎。孚乃利用禴②。

《象》曰：引吉，无咎，中未变也。

【注释】

① 引吉：沙少海先生说："引，声假作永，训长期。引吉，犹言永吉，即长期吉利。同于'永贞吉''利永贞'。"

② 孚乃利用禴：孚，同俘，这里指用作人牲的俘虏。禴，经传作礿，春祭名。

【译文】

六二：占得此爻，长期吉祥，没有害处。用人牲作祭品有利于春祭。

《象传》说：长期吉祥，没有灾祸，这是因为该爻位置居中而适当，当会聚的时候，像人虔诚地遵循中庸之道始终不曾改变。

六三：萃如嗟如。无攸利。往无咎，小吝。

《象》曰：往无咎，上巽也①。

【注释】

① 上巽：巽上的倒装，犹言顺从上面的人。巽，通逊，服从。

【译文】

六三：忧虑叹息。无所利。前去行事不会遇到灾祸，但有一点小小麻烦。

《象传》说：前去行事不会遇到灾祸，这是因为居于下方的阴柔一方总能表现出谦逊而顺从上方，从而免去了可能出现的灾祸。

九四：大吉，无咎。

《象》曰：大吉，无咎，位不当也。

【译文】

九四：大吉大利，没有灾祸。

《象传》说：虽有大吉大利的贞兆，但结果仅仅是没有灾祸，这是因为所处位置为不适当。

九五：萃有位，无咎①。匪孚，元永贞，悔亡②。

《象》曰：萃有位，志未光也。

【注释】

① 萃：借为瘁。

② 孚：高亨说："罚也。"

【译文】

九五：劳瘁心力于其职位，不会遇到灾难。不要轻易责罚别人，卜问长期的吉凶，没有大的悔恨。

《象传》说：劳瘁心力于其职位，结果仅仅是没有灾祸，因为才具驽下，不能有所建树。

上六：赍咨涕洟，无咎①。

《象》曰：赍咨涕洟，未安上也。

【注释】

① 赍咨涕洟：赍咨，即咨嗟，叹息。涕，眼泪，洟，鼻涕。

【译文】

上六：叹气流涕，但不会遇到灾祸。

《象传》说：叹气流涕，是因为没有安定在上的位子。

升卦第四十六

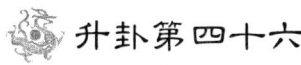
巽下
坤上

【题解】

《升》卦阐述事物顺势上升，由低到高的道理。好比从幼苗到大树，要依时顺势，从容成长。这是本卦《象传》的比喻，说明"升"有两个特点，一是柔升、渐进，不是刚升、一步登天；二是因时而升，不是急躁求升。用到社会生活，是说一个人有德有才，自会不断提升，所以《象传》强调大人对于上升的重要性。

升①：元亨，用见大人②，勿恤。南征吉。

【注释】

① 升：卦名。本卦为异卦相叠（巽下坤上）。外卦为坤，坤为地；内卦为巽，巽为木。木植于地，由小到大，由低到高，所所生长，所以卦名曰升。

② 用见：《释文》："用见本或作利见。"汉帛书《周易》亦作利见，当据改。

【译文】

《升卦》：弘大亨通，有利于会见王公贵族，用不着忧虑。出征南方吉祥。

《象》曰①：柔以时升②，巽而顺，刚中而应，是以大"亨"，"用见大人，勿恤"，有庆也。"南征吉"，志行也。

【注释】

① 象：今本作彖。阮元《校勘记》曰："石经、岳本、宋本、闽三、监本、古本、足利本，象作彖，按彖字误也。"今据改。

② 柔以时升：升卦的初爻为阴爻，为柔，第四、第五、第六爻均为阴爻，这种结构有阴爻逐次上升之像。

"巽而顺"三句：本卦上卦为坤，坤义为顺；下卦为巽，巽义为逊，所以谦逊而又和顺是升卦的意蕴。九二阳爻，为刚，居下卦中位。所以说"刚中"。六五阴爻，为柔，居上卦中位，与九二同位之爻，刚柔相应。象征君臣各守其位，互相和应。这些卦、爻之象综合起来就是《升卦》的卦象。它的哲理的社会意义则表现为升。因其象征着不断发展，所以前途远大，功业完满。

【译文】

《象传》说：本卦的初爻为阴，是柔按时上升，谦逊而且温顺，刚中而与柔中相应，因此十分亨通吉祥。"有利于会见王公贵族，用不着忧虑"，是因为上升过程中有大人物的关照，必定会一帆风顺，常有喜庆临门。"出征南方吉祥"，比喻前途光明，上升的抱负可以得到充分施展。

《象》曰：地虽生木，升。君子顺德，积小以高大。

【译文】

《象传》说:"《升卦》的卦象是巽(风)下坤(地)上,而巽又象征高大树木,这样就成为地里边生长树木之表象。树木由矮小到高大,故称为《升卦》。与此相应,君子通过顺应自然规律来加强自我品德的修养,积累微小的进步来塑造高大完美的人格。

初六:允升,大吉①。

《象》曰:允升,大吉,上合志也。

【注释】

① 允:进,前进。

【译文】

初六:前进上升,大吉大利。

《象传》说:前进上升而大吉大利,是说其上升正合乎心意。

九二:孚乃利用禴,无咎。

《象》曰:九二之孚①,有喜也。

【注释】

① 孚:《象传》解"孚"如忠信,与经意不合。

【译文】

九二:春祭宜用俘虏作人牲,则无灾祸。

《象传》说:九二爻辞讲祭祀要忠信,必有喜庆之事。

九三:升虚邑①。

《象》曰：升虚邑，无所疑。

【注释】

① 虚：高亨说："大丘也。虚邑，邑在大丘之上者也。"此爻无贞兆辞。

【译文】

九三：登上高丘上的城邑。

《象传》说：登上高丘上的城邑，这是因为高瞻远瞩，所见甚明而无所疑惑。

六四：王用亨于岐山①。吉，无咎。

《象》曰：王用亨于岐山，顺事也。

【注释】

① 亨：即享字，祭祀。

【译文】

六四：周王在岐山祭祀神灵，吉祥如意，没有灾祸。

《象传》说：周王在岐山祭祀神灵，是顺乎天理之事。

六五：贞吉，升阶①。

《象》：贞②吉，升阶，大得志也。

【注释】

① 升阶：犹言拾级而升。升，登。阶，梯。

② 贞：贞卜。《象传》释贞为忠信，与经意不合。

【译文】

六五：卜问得吉兆，所卜问之事将逐步发展。

《象传》说：信守正道，自然吉利，事业必然逐步发展，说明其志愿得伸，目的达到。

上六：冥升①，利于不息之贞②。

《象》曰：冥升在上，消不富也③。

【注释】

① 冥升：冥，夜晚。升，兴，这里作不寐讲。

② 利于不息之贞：犹言这是利于勤劳不息的人的贞兆。

③ 富：高亨说："富字义可通，但不确切，疑富当借为福。"

【译文】

上六：深夜不眠，勤勉不息地工作则符合此吉祥。

《象传》说：上六爻辞讲深夜不眠，因为上六之爻据一卦之首，爻位孤悬，其人虽处高位，但环境不利，不过，勤于职守则可以消灾得福。

困卦第四十七

☱ 坎下
   兑上

【题解】

《困》卦，顾名思义，讲的是有关困境的问题。就社会生活来说，困境大致有两类，一类是物质方面的，另一类是政治方面的。如何对待困境，本卦首先强调要有志气，人穷志不穷，看出困境具有磨炼毅力、激励意志的一面，从而态度乐观，从容对待。其次要有骨气，宁可豁出性命，也不能丧失理想、气节。这两点是中华民族的优秀传统，它熏陶了成千上万的仁人志士。再次，要从实际出发，用行动冲破困境。

困①：亨。贞大人吉，无咎。有言不信。

【注释】

① 困：卦名。本卦为异卦相叠（坎下兑上）。上卦为兑，兑为阴，为泽；下卦为坎，坎为阳，为水，大泽漏水，水草鱼虾，处于穷困之境。阳处在阴下，刚为柔掩，像君子才智难展，处于困之之地。所以卦名曰困。

【译文】

《困卦》：亨通。卜问王公贵族之事吉祥，没有灾祸。此时许下的诺言很难令人相信。

《彖》曰：困，刚掩也①。险以说，困而不失其所，"亨"，其为君子乎？"贞大人吉"，以刚中也。"有言不信"，尚口乃穷也。

【注释】

① 掩：掩盖。

【译文】

《彖传》说：《困卦》，就是因为阳刚之气被掩蔽而难以施展。下临水潦的危险而能充满喜悦，身处困顿的境地而不丧失争取亨通的信心，恐怕只有君子才能做到这样吧！"卜问王公贵族之事吉祥"，是因为强悍的阳刚之气居于中坚地位，象征大人物意志坚强、奉行中庸之道，必然迎来吉祥。"此时许下的诺言很难令人相信"，换句话说，此时如果一味好摇唇弄舌、夸夸其谈，只能陷入更大的困顿。

《象》曰：泽无水，困。君子以致命遂志①。

【注释】

① 致命遂志：致命，舍命，犹言献出生命。遂志，犹言实行志愿。

【译文】

《象传》说：《困卦》的卦象是坎（水）下兑（泽）上，为泽中无水之表象，故称为《困顿》。作为君子应该身处穷困而不气馁，为实现自己的志向，不惜牺牲生命。

初六：臀困于株木①，入于幽谷②，三岁不觌。

《象》曰：入于幽谷，幽不明也。

【注释】

① 株木：木棍，这里指官吏所用的刑杖。

② 幽谷：这里指牢狱。《象传》释"幽谷"如字，与经意有别。

【译文】

初六：臀部受刑杖的困苦，被投入黑暗的牢房中，三年不见其人。

《象传》说：退隐到幽深的山谷里，自然是幽暗不明了。

九二：困于酒食，朱绂方来①，利用亨祀。征，凶。无咎②。

《象》曰：困于酒食，中有庆也。

【注释】

① 朱绂：古代王公卿的服饰，朱红色，指贵官。

② 无咎，此为另一占之贞兆辞。

【译文】

九二：为醇酒美食所困，穿朱红色服装的王公贵族就将来到，应当用丰美的酒食祭祀神灵。出兵征战即使遇到凶险，也不会受到伤害。

《象传》说：为醇酒美食所困，守中正之道，当有喜庆之事。

六三：困于石，据于蒺藜①，入于其宫，不见其妻，凶。

《象》曰：据于蒺藜，乘刚也。入于其宫，不见其妻，不祥也。

【注释】

① 蒺藜：草名，一种有刺的植物。

【译文】

六三：困在乱石中，手攀在蒺藜上，刚刚回到家中，又不见了自家妻子，凶险之兆。

《象传》说：手攀在蒺藜上，是攀附于豪强。回家不见妻子，这是不祥之兆。

九四：来徐徐，困于金车①吝，有终。

《象》曰：来徐徐，志在下也。虽不当位，有与也②。

【注释】

① 金：《释名·释天》："金，禁也。"金车即指禁车，犹言囚车。

② 《象传》不解"困于金车"，孤立地解释"来徐徐"，与经意显别。

【译文】

九四：慢慢地走来，原来是被关押在囚车里。会遇到一些困难，但最终会有好的结局。

《象传》说：慢慢地走来，表明没有飞黄腾达的奢望，一心想着屈尊下士来摆脱困境；虽然所处地位不妥当，不能胜任职务，却能得到志同道合者的支持。

九五：劓刖①，困于赤绂，乃徐有说②，利用祭祀。

《象》曰：劓刖，志未得也。乃徐有说，以中直也。利用祭祀，受福也。

【注释】

① 劓刖：劓，割鼻。刖，断腿。

② 说：借为脱。

【译文】

九五：被割鼻子和剁断脚，受穿朱红色衣服的王公贵族所困扰。后来慢慢地得以脱身，应当虔诚地祭祀神灵。

《象传》说：被割鼻子和剁断脚，表明其人不得志。后来慢慢地得以脱身，因为九五之爻居上卦中位，像人立身正直，自能化险为夷，虔诚地祭祀神灵，是祈求鬼神保佑，承受其福荫。

上六：困于葛藟①，于臲卼②，曰动，悔有悔。征，吉③。

《象》曰：困于葛藟，未当也。动，悔有悔，吉行也。

【注释】

① 葛藟，蔓生有刺植物。

② 臲卼：木桩，围在狱外，以防犯人越狱。此处喻指艰难的环境。

【译文】

上六：困在有刺葛藤中，身处动荡不安的环境，不宜有所行动，否则悔上加悔。卜问出征则吉祥。

《象传》说：困在有刺葛藤中，说明所处位置不妥当。悔悟到动则招悔，必能谨慎行事而逢吉利。

井卦第四十八

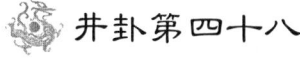
巽下
坎上

【题解】

《井》卦以井取象，阐述古代宗法社会中贵族养民的道理。卦辞首先介绍井与井水的稳定、丰富、广泛等特点，比喻君子养民，应该常行不渝，出以公心。接着，又以汲水器具在即将离开井口时出了毛病的常见现象，告诫君子养民，贵在坚持道德修养，保证好事能善始善终，不致功败垂成。《象传》指出，君子养民，必须实行"劳民相劝"的政策。

井①：改邑不改井，无丧无得。往来井，井汔至②，亦未繘井③，羸其瓶④，凶。

【注释】

① 井：卦名。本卦为异卦相叠（巽下坎上）。上卦为坎，坎为水；下卦为巽，巽为木。上坎下巽，有树木得水滋润而蓬勃生长之象。水为人类生存的重要条件，水井是居民的重要生活设施。《易卦》以井为卦名，用来集中反映劳动与生活，自然条件与人类生存的依赖关系。这种关系用《易经》的语言，可以概括为"养"。在《彖传》与《象传》看来，"养"具有两方面的含义，

一方面，指自然对人类提供的生养条件，另一方面指人类对自然生存环境的爱惜养护，形成了"井养"与"养井"这一对特殊的概念。

② 汔至：汔，《说文》："水涸也。"至，借为窒，淤塞。

③ 繘井：繘，借为汔，《广雅·释诂》："矞，穿也。"繘井，即挖井，淘井。

④ 羸：读为儡。《说文》："儡，相败也。"指毁。

【译文】

《井卦》：改建城邑而不改建水井，没有失没有得。来来往往的人都到井里来汲水，水井干涸淤塞而不加以淘洗，却把汲水瓶打破了，这是凶险的兆头。

《象》曰：巽乎水而上水，井。井养而不穷也①。"改邑不改井"，乃以刚中也。"往来井，井汔至②，亦未繘井"，未有功也。"羸其瓶"，是以凶也。

【注释】

① 井养而不穷：井以养人，所以说"井养"，人们从井中汲水饮用，用之不穷，所以说井养而不穷。

② 王弼本无"往来井井"四字，《集解》本有，当据补。

【译文】

《象传》说：顺应水的自然特性来使水上升到地面，这就是《井卦》。水井养育世人永远不会枯竭。"改建城邑而不改建水井"，是因为充满阳刚之气而且坚守中庸之道，所以可以以不变应万变，保持相对稳定性。"来来往往的人却到井里来汲水，水井干涸淤塞，也不加以淘洗"，是说长此以往水井将对人们失去功用。"把汲水瓶打破了"，自毁用具，因而必然会有凶险临头。

《象》曰：木上有水，井。君子以劳民劝相。
【译文】
《象传》说：《井卦》的卦象是巽（木）下坎（水）上，即是说水分沿着树身向上远行，直达树冠，为井水源源不断地被汲引到地面之表象，因此称为《井卦》。井水无穷无尽，孜孜不倦地养育着人们，君子应当效法这种美德，不辞劳苦地为大众谋利，倡导助人为乐的社会风尚。

初六：井泥不食。旧井无禽①。
《象》曰：井泥不食，下也。旧井无禽，时舍也。
【注释】
① 爻辞所言两井字，字同义殊。"井泥"之"井"，为水井。"旧井"之"井"为陷阱。泥，水中含泥。本卦各爻所写都是村邑中劳动与生活的情景，如汲水、修井之类，事极简单。编者将它们收集在一起，系于井卦之下。利用卦象系统的神秘含义，赋予它一种不同寻常的色彩。《象传》作者则向隅虚构，从这些平凡生活记录当中竭力寻觅高深的道理，附会种种玄妙的象征意义。封建学者更是进一步添枝加叶，以致经文朴素的本来面目长时期以来被这些东西所掩盖。

【译文】

初六：井底淤满了污泥不能饮用。年久失修的老井连禽兽都不来光顾。

《象传》说：井底淤满了污泥不能饮用，因为泥土落入其中。年久失修的老井连禽兽都不来光顾，是说人们已将这陷阱舍弃不用了。

九二：井谷射鲋①。瓮敝漏②。

《象》曰：井谷射鲋，无与也。

【注释】

① 鲋：《集解》引虞翻曰："鲋，小鲜也。"指小鱼。水井淤塞，长期不用，以致井中生长出小生物。

② 本爻无贞兆辞。

【译文】

九二：在井口射井中小鱼。汲水的瓮也破损漏水不能再用。

《象传》说：在井口射井中小鱼。如此谋食求生，可见其人无依无靠。

九三：井渫不食①，为我心恻②。可用汲。王明，并受其福。

《象》曰：井渫不食，行恻也。求王明，受福也。

【注释】

① 渫：《汉书·王褒传》张晏注："渫，污也。"

② 恻：《说文》："痛也。"犹今语痛心，伤心。

【译文】

九三：井水污浊不能饮用，为此我感到伤心。淘洗干净，就可汲用。君王贤明，是大家共同的福气。

《象传》说：井水污浊却不能饮用，表明触景生情的感叹。盼求君王英明，是期望获得好处。

六四：井甃①，无咎。

《象》曰：井甃，无咎，修井也。

【注释】

① 井甃：用砖石垒筑井壁。

【译文】

六四：用砖石垒砌加固井壁，不会遇到灾祸。

《象传》说：用砖石垒砌加固井壁，不会遇到灾祸，这是说修井之事。

九五：井洌寒泉①，食。

《象》曰：寒泉之食，中正也。

【注释】

① 井洌：《说文》："洌，水清也。"井洌，犹言井水清凉。

【译文】

九五：井水清澈明净，甘甜凉爽，可供人饮用。

《象传》说：甘甜凉爽的井水可供人饮用，这是因为九五爻处在上卦中位，象征行为不偏不倚，内心纯正无私。

上六：井收勿幕①，有孚，元吉。

《象》曰：元吉在上，大成也。

【注释】

① 井收勿幕：爻辞所讲的井，当为陷阱。井收，指陷阱口塌的修好收束。幕，《释文》："覆也。"

【译文】

上天：陷阱口修好，不要盖上，有收获，大吉大利。

《象传》说：大吉大利的情况出现在《井卦》最上面的位置，说明其人爵位高登，大有成就。

革卦第四十九

☲ 离下
兑上

【题解】

本卦阐明变革思想。变则通，通则久，事物处在永恒的变化之中。当矛盾激化、腐败迹象暴露出来时，就要采取变革行动，但变革一要根据事物发展特点，顺应自然规律，选择适当时机，势在必行时才能大胆变革；二要光明正大，合乎民心民意，并具有摧枯拉朽之势和彻底性，使人心悦诚服；三要变革者以身作则，动机和手段正当，不急功近利，并且考虑问题周密全面。只有这样，才能保证变革的成功。

革①：巳日乃孚②，元亨，利贞。悔亡。

【注释】

① 革：卦名。本卦为异卦相叠（离下兑上）。上卦为离，离为火；下卦为兑，兑为泽。水下浇而火上腾，水火相克，在水火的斗争中，万物变化，有生有灭。然而生者又复灭，灭者又复生，野火烧不尽，春风吹又生。以社会言，夫妻不睦则家庭变故，君臣不睦则王朝更替，然而，家庭还将延续，王朝还有代兴。都体现了出陈布新的规律，所以卦名曰革。革，《杂卦》："去故也。"指变革、变化。

② 巳日乃孚：巳，借作祀，祭祀。孚，古俘字。这里用如动词，意为用俘虏为人牲。

【译文】

《革卦》：祭祀之日用俘虏作人牲，亨通，吉利的卜问。悔恨终将会消失。

《彖》曰：革，水火相息，二女同居，其志不相得曰革。"巳日乃孚"①，革而信之。文明以说②，大"亨"以正③。革而当，其"悔"乃"亡"。天地革而四时成。汤武革命，顺乎天而应乎人。革之时，大矣哉。

【注释】

① 巳日乃孚：《彖传》释"巳日"为祭祀之日。释"孚"为忠信，与经意有异。参见前注。

② 文明以说：《彖传》认为井卦的下卦为离，离义为文明，像君王施行文明政教；下卦为兑，兑义为悦，像人们喜悦拥戴。

③ 大"亨"以正：此句是对卦辞"元亨，利贞"的改造，改变了它原来的意义和语法结构。此句为并列结构，以，连词。大，伟大。亨，完美。正，贞正。

【译文】

《彖传》说：《革卦》，好像水与火相息相灭互不相容，又好像两女共事一夫，她们志向各异，终将生变，这些就是《革卦》。"祭祀之日，能够使民众深深地信服"，是说改革后，人们必然会信从。君王既能行文明政教，民众自然心悦诚服，因此他的道德称得上是伟大、完美、贞正。改革得当，灾难就能消除。天地之间由于变革而形成了春、夏、秋、冬四个季节。殷汤灭夏代的桀，周武王灭殷代的纣王的革命，都是依顺上天的规律又顺应民众的心意，变革的时代实在是伟大啊！

《象》曰：泽中有火，革。君子以治历明时。

【译文】

《象传》说：《革卦》的卦象是离（火）下兑（泽）上，为泽中有火之表象。大水可以使火熄灭，大火也可以使水蒸发，如此，水火相克相生，故称为《革卦》。君子观此卦象，了解到泽水涨落，草木枯荣的周期变化，从而制定历法，以明辨春、夏、秋、冬四季的变化。

初九：巩用黄牛之革[①]。

《象》曰：巩用黄牛，不可以有为也。

【注释】

① 巩用黄牛之革：巩，紧固。用，用同如以。本卦专讲战争之事，从这个角度分析各爻之辞，与《象传》对爻辞的解说，大相径庭。对《周易》经、传应进行比较分析，既要注意了解《易传》的哲学伦理的理论体系，又要冲破它在解释经文过程中掺揉进去的种种高深莫测的道理和玄妙的穿凿附会的意义，以了解在特定的历史条件下产生的经文原有朴素的意蕴。本爻所讲的"巩用黄牛之革"，即指用黄牛之革加固战车，即备战之意。《象传》却赋予了不同的意义。本卦以下各爻同样存在类似情况。

【译文】

初九：应该用黄牛的皮革牢牢地捆绑住。

《象传》说：用黄牛的皮革牢牢地捆绑住，因为初九在卦的最下位，位卑微而不能有所作为。

六二：巳日乃革之。征，吉，无咎①。

《象》曰：巳日革之，行有嘉也。

【注释】

① 巳日：即祭祀之日，参见前注。古人战前必祭祀。祭祀之日改变了，意味作战日期也要改变。

【译文】

六二：祭祀的日期要改变。出征必获吉祥，不会有灾祸。

《象传》说：祭祀的日期要改变，大概有喜庆之事。

九三：征，凶，贞厉。革言三就①，有孚。

《象》曰：革言三就，又何之矣②。

【注释】

① 革言三就：革言，闻一多说："言，读为靳。"《说文》："靳，当膺也。"既指马胸带。革言，指皮革制成的马胸带。三就，犹言三重。《士丧礼》："马缨三就。"注："缨，当胸，以前革为之。三就，三匝三重也。"革言三就，喻指整顿装备，振奋精神，重新开始。《象传》释"就"为成就。认为爻辞"革言三就"，是说改革的话有了三次成就才有信用。

【译文】

九三：出征凶险，卜问得凶兆。但是若振奋精神，整顿装备，重新作战，则能转败为胜，生擒强敌。

《象传》说：改革的话有了三次成就才有信用，不然又能到哪里去呢。

九四：悔亡。有孚，改命①，吉。
《象》曰：改命之吉，信志也②。

【注释】

① 改命：改变任命。
② 信志：犹言施展抱负。信，借为伸。

【译文】

九四：悔恨已经消除，有了信用，若改帅易将，则将大吉。

《象传》说：改帅易将之所以是吉祥的，因为这样能使有才德的人施展抱负。

九五：大人虎变，未占有孚。
《象》曰：大人虎变，其文炳也。

【译文】

九五：王公贵族变为像虎那般威猛，必定将大有收获。

《象传》说：王贵族变为像老虎那般威猛，表明其仪表威严，其美德光照天下。

上六：君子豹变①，小人革面②。征，凶。居贞吉。

《象》曰：君子豹变，其文蔚也。小人革面，顺以从君也。

【注释】

① 豹变：与上文"虎变"结构相同，大发威怒的意思。

② 革面：革，改变。革面，犹言变脸，指基层官兵情绪发生了不利于战斗的激剧变化。《象传》释"革面"，则是站在有利于统治者角度讲话，与经文朴素的记录有别。

【译文】

上六：君子变为像豹子那样威猛，小人脸色变了。出征会有凶险。卜问居处则可以得到吉祥。

《象传》说：君子变为像豹子那样威猛，说明君子的文采丰富。小人洗心革面，说明小人去恶从善，服从君上。

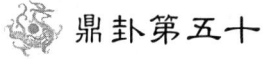

鼎卦第五十

☲ 巽下
  离上

【题解】

《鼎》卦主旨是巩固政权,着眼点是讲官员培养,表达方式是寓意于鼎象之中。作为烹饪器具,鼎的功用是将熟肉与作料混合加工,使之五味调和,更适合食用需要;作为重器,鼎是版图和中央政权的象征,所谓中原问鼎、一言九鼎,讲的就是这种鼎。《鼎》卦立论,以烹器为依据,以重器为归宿,讲述官员应进德修业,自新新人。卦中六爻,各取鼎的一个部位为比喻,要求官员吐故纳新,守正防邪,修德待机,特别提醒上层核心要虚中尚贤,达到巩固政权、建设新秩序的目的。

鼎①:元吉,亨。

【注释】

① 鼎:卦名。本卦为异卦相叠(巽下离上)。上卦为离,离为火;下卦为巽,巽为本。木材燃烧,火焰腾腾,是炊煮之象。炊煮用鼎,鼎为古人极为重视的器皿,用于庄重的场合,赋予它丰富的象征性意义。鼎煮食物,有养贤之意。化生为熟,有变革的意思。鼎为三足,又有稳重之象。观《象传》《彖传》的解说,《易卦》作用正是在这些意义上以之为卦名的。

【译文】

《鼎卦》：十分吉祥，亨通。

《彖》曰：鼎①，象也。以木巽火，亨饪也②。圣人亨以享上帝，而大亨以养圣贤。巽而耳目聪明，柔进而上行，得中而应乎刚，是以"元亨"③。

【注释】

① 鼎：古代烹煮食物的器具。
② 亨：同烹。
③ 高亨说："'元'下当有'吉'字，转写脱去。经文曰：'元吉，亨'，传文亦当曰：'元吉，亨'，明矣。卦辞云'元吉，亨'者，元，大也；亨，通也。此言大吉而亨通也。"

【译文】

《彖传》说：《鼎卦》，是说此卦的形状好像古代烹饪的鼎。鼎的内卦为巽，巽下为木；外卦为离，离上为火。木柴被火燃烧，这就是烹饪食物。而圣人烹饪食物以祭祀天帝，进而大规模地烹饪食物以供养圣贤，使他们谦顺辅佐尊者，而尊者就会耳聪目明，继而前进向上，得处中位又能够保持柔顺的美德，所以就十分亨通。

《象》曰：木上有火，鼎。君子以正位凝命①。

【注释】

① 凝：《释文》引郑云："凝，成也。"

【译文】

《象传》说：《鼎卦》的卦象是巽（木）下离（火）上，为木上燃着火之表象，是烹饪的象征，故称为《鼎卦》。君子应当像鼎那样端正而稳重，以此完成使命。

初六：鼎颠趾[①]，利出否[②]。得妾以其子，无咎。

《象》曰：鼎颠趾，未悖也。利出否，以从贵也。

【注释】

① 鼎颠趾：即言鼎足向上，这是象占辞，以梦中之象占卜其吉凶。全卦六爻，均以梦象为占。《象传》或许不解此层意思，断章取譬，攀附大义。

② 出否：指倒出秽物。意为清除恶人。

【译文】

初六：将鼎颠翻而鼎足向上，利于清除恶人。就好像娶妾可以生子一样，不会发生灾祸。

《象传》说：将鼎颠翻而鼎足向上，这不是悖乱之举。利于清除恶人，这是听从上面的旨意。

九二：鼎有实[①]。我仇有疾[②]，不我能即[③]。吉。

《象》曰：鼎有实，慎所之也。我仇有疾，终无尤也。

【注释】

① 实：实物，食物。鼎有食，犹今言锅里有饭，比喻吃饭不用发愁。这是梦中之象。

② 仇：仇家。

③ 即：义为靠近，这里指骚扰。不我能用，犹言不能即我，这是上古汉语中宾语倒装的现象。

【译文】

九二，鼎中盛满了食物家里有饭吃。我的仇家有疾病，不能把我怎么样，是吉祥的。

《象传》说：鼎中盛满了食物，家境优裕，应该谨慎行事，不要走错方向。仇家有了疾病，没有外患，可以安享清福，故终将无所怨尤。

九三：鼎耳革①。其行塞②。雉膏不食③，方雨，亏，悔，终吉。

《象》曰：鼎耳革，失其义也④。

【注释】

① 革：脱落。求筮者梦见鼎耳脱落，占其凶吉。

② 行塞：指鼎无法挪动。

③ 雉膏：犹言肥野鸡肉。

④ 义：借为宜。

【译文】

九三：鼎耳脱落了，无法将插杠插入鼎耳移鼎，精美的野鸡肉不能得到无法食用。天正下雨，落入鼎中，美味亏损，可悔恨，最终还可以获得吉祥。

《象传》说：鼎耳脱落，是说鼎不宜移动。

九四：鼎折足，覆公𫗴①，其形渥②，凶。

《象》曰：覆公㻞，信如何也。

【注释】

① 㻞：吕祖谦《音训》引虞云："八珍之具也。"

② 渥：汤汁濡地，形渥，犹言汤汁倾翻遍地狼藉。

【译文】

九四：鼎的足折断了，王公鼎里的美味倾倒出来了，鼎身被玷污了，凶险。

《象传》说：王公鼎里的粥饭倾倒出来了。哪里还有什么信誉可言呢！

六五：鼎黄耳、金铉①。利贞。

《象》曰：鼎黄耳，中以为实也。

【注释】

① 黄耳、金铉：黄耳，这里指铜耳。铉，鼎上关盖的横杠。金铉，即铜横杠。求筮者梦见豪华的食鼎，求占其吉凶。

【译文】

六五：鼎配上铜耳，插上铜横杠，有利于卜问。

《象传》说：鼎配上铜耳、铜横杠，是由于六五爻居中，自然可获得实惠。

上九：鼎玉铉①。大吉，无不利。

《象》曰：玉铉在上，刚柔节也②。

【注释】

① 玉铉：以玉石为鼎盖之横杠。

② 刚柔节：节，节度。此爻以六五、上九爻象、爻位为据。六五阴爻，为柔，居上九之下，上九阳爻，为刚，居六五之上。刚上柔下。喻君臣各安其位。

【译文】

上九：鼎配上玉制的横杠。十分吉祥，不会有什么不利。

《象传》说：玉制的横杠在高处上方，表明刚柔相济，互相调节。

震卦第五十一

☳ 震下
震上

【题解】

《震》所说的"震惧",并非宣传胆小畏缩,而是说明对于令人震惧的意外事变,应该有正确的应付原则。就社会生活来说,要做到一警惕二不怕。由于对猝发事变心存畏惧,则必然时时反省施政得失,修正错误,防患未然;正由于平日临事而惧,训练了坚强的心理承受能力,一旦事变猝然,则能气定神闲,沉着应付。

震①:亨②,震来虩虩,笑言哑哑③。震惊百里,不丧匕鬯④。

【注释】

① 震:卦名。本卦为卦相叠(震下震上)。震卦为雷,两震相有巨雷连击,震惊百里之象,所以卦名曰震。用以喻天威莫测,灾祸难料,警戒人们敬天修德,省身远恶。

② 亨:这里作享,祭祀。

③ 高亨说"震来虩虩,笑言哑哑"两句,与初九爻辞重复,此当是衍文。虩虩,通愬愬,声通。恐惧的样子。

④ 匕鬯:匕,勺子。鬯用黑黍与香草酿成的酒曰鬯,盛鬯酒的器皿也叫鬯。此用前义。

【译文】

《震卦》：祭祀之时，当惊雷震动的时候，有的人吓得浑身发抖，片刻才能言笑如常。巨雷震响，震惊百里，有的人却神态自若，手里拿着酒勺子，连一滴酒都没有洒出来。

《象》曰：震，"亨"。"震来虩虩"，恐致福也。"笑言哑哑"，后有则也①。"震惊百里"，惊远而惧迩也。"不丧匕鬯"，出可以守宗庙社稷，以为祭主也。

【注释】

① 高亨说："'震来虩虩，恐致福也。笑言哑哑，后有则也'四句，与初九《象传》重复，此处当是衍文。"

【译文】

《象传》说：《震卦》，祭祀之时。"当惊雷震动的时候，吓得浑身发抖"，表明恐惧而又敬畏天象，能够致福。"后来听到雷声仍能言笑如故"，说明后来懂得天象的法则，而有了经验。"即使雷声震惊百里之遥"，说明百里之内，远近皆惧。"镇静自若，持勺子不洒出酒来"，说明其人具有众人皆惧而其独不惧的气度，则其可以守宗庙保社稷，且作为祭祀的主人。

《象》曰：洊雷，震①。君子以恐惧修省。

【注释】

① 洊：孔颖达说："洊者，重也。"

【译文】

《象传》说：《震传》的卦象是震（雷）下震（雷）上，为雷相重叠之表象，故称为《震卦》。君子应悟知恐惧惊惕，修身省过。

初九：震来虩虩，后笑言哑哑，吉。

《象》曰：震来虩虩，恐致福也。笑言哑哑，后有则也。

【译文】

初九：当惊雷震动的时候，吓得浑身发抖，后来听到雷声仍谈笑如常，结果吉祥。

《象传》说：当惊雷震动的时候，吓得浑身发抖，表明恐惧而又敬畏天象，能够致福。后来听到雷声仍谈笑如常，是说明后来懂得天象的规律和法则。

六二：震来厉，亿丧贝①，跻于九陵②。"勿逐，七日得。"

《象》曰：震来厉，乘刚也③。

【注释】

① 亿：沙少海先生说："这里用法同唯，助词，无义。"

② 跻于九陵：犹言翻越了九重山，极言其远。跻，登。

③ 乘刚：此以六二、初九爻象、爻位为据。六二阴爻，为柔，初九阳爻，为刚，六二处于初九之上，是阴柔凌驾阳刚之上。

【译文】

六二：惊雷震动，有危难，惊慌中丢失了钱币，攀登九重山都寻找不到。筮者说：不必追寻它，待到七天自会失而复得。

《象传》说：惊雷震动，有危难，六二爻凌驾于初九爻阳刚的上面，处境危险。

六三：震苏苏①。震行，无眚。

《象》曰：震苏苏，位不当也。

【注释】

① 苏苏：《释文》："苏苏，疑惧貌。郑云：不安也"。

【译文】

六三：雷震动时虽恐惧不安，但是因为恐惧而能谨慎行事，因此不会有灾祸。

《象传》说：雷震动而恐惧不安，说明六三爻所处的位置不适当。

九四：震遂泥①。

《象》曰：震遂泥，未光也。

【注释】

① 震遂泥：遂，《释文》："遂，荀本作队。"遂，借作队，队即古坠字。爻辞讲"震遂泥"，犹言雷电下击于地。此爻无贞兆辞。《象传》则解释成人坠于泥中，与经意有出入。

【译文】

九四：雷电下击到地面。

《象传》说：其人猝闻惊雷，吓得坠陷污泥中，不能自拔，说明其人见识不广，胆量不大。

六五：震往来厉。意无丧有事①。

《象》曰：震往来厉，危行也。其事在中，大无丧也。

【注释】

① 意：《集解》本作亿。亦发语词，犹唯也。

【译文】

六五：雷上下震动均有危难。只要小心谨慎，不至于酿成灾祸，亦无损于事。

《象传》说：雷上下震动均有危难，指人的行动有危险。但能知恐惧而谨慎行动，处事恪守中道，故没有什么大的损失。

上六：震索索，视矍矍①，征凶。震不于其躬，于其邻。无咎，婚媾有言。

《象》曰：震索索，中未得也。虽凶无咎，畏邻戒也。

【注释】

① 震索索，视矍矍：《周易集辞》："郑康成曰：'索索，足不正也。矍矍，目不正。'"

【译文】

上六：由于雷震动恐惧而畏缩不前，两眼旁视而不安，如果行动就会有凶险。但是雷电不会击在他身上，而是落在邻人头上。因为他自己没有过错，而邻人却犯有罪责。

《象传》说：由于雷震动恐惧而畏缩不前，因为上六爻其位不正；虽然有凶险却不致受害，这是因为能够看见近邻的危险及时戒备，因而能防患于未然。

艮卦第五十二

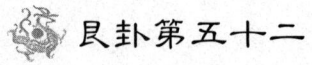

䷳ 艮下
艮上

【题解】

《艮》卦以两山重叠、峰峦隔断为取义的象征,集中阐述了有关"停止"的问题。就社会生活来说,提倡什么,反对什么,追求什么,放弃什么,这里面就包含着"止"的内容。止与行,是一对矛盾,其中存在着辩证关系,能止才能行,有所行必有所止。

(艮)①:艮其背不获其身②,行其庭不见其人。无咎。

【注释】

① 艮:字当重,上艮字系卦名,不能省,据补。艮,卦名。本卦为同卦相叠(艮下艮上)。艮为山,山为止,即止而又止,艮又是注视,即加强注意。所以卦名曰艮。

② 艮其背:艮,《象卦》:"艮,止也。"即注意力停止在背部。故不注意全体,便不护其身了。

【译文】

《艮卦》:注意他的背,不保护他的身体,在他的庭院中也没有找到。没有灾祸。

《彖》曰：艮，止也。时止则止，时行则行，动静不失其时，其道光明。艮其止①，止其所也。上下敌应，不相与也②。是以不获其身，行其庭不见其人，无咎也。

【注释】

① 艮其止：高亨说："朱熹（引晁说之）说、俞樾说、朱骏声说：艮其止当作艮其背。盖背古字作北，因形近误为止，或背字笔画损缺成北，因形近误为止也。"卦辞背字，汉帛书《周易》作北，可证古本作北。艮，当如《象传》所释"止也"。

② 上下敌应，不相与他：本卦三同位爻，都是阴与阴对应，阳与阳对应，所以说上下敌对相应，比喻人处于敌对环境之中，无有相助者（初六与六四为两阴爻，六二与六五为两阴爻，九三与上九为两阳爻，都是同位之爻象相对立）。与，助也。

【译文】

《彖传》说：《艮卦》，就是静止。需静止时就静止，该行动时就行动，是动或者是静都不要失去时机，把握这一原则，前景就会光明。注意他的背，止于他的处所，因为上下左右相与为敌，无法协调。连自身也无法保全。所以朝中看不到他，而在庭院也找不到他。其人明哲自然无灾祸。

《象》曰：兼山，艮。君子以思不出其位。

【译文】

《象传》说：《艮卦》的卦象是艮（山）下艮（山）上，为两山重叠之表象，故称为《艮卦》。君子观此卦象，应以此为戒，切合实际，不可超越自己所处的地位。

初六：艮其趾①，无咎，利永贞。

《象》曰：艮其趾，未失正也。

【注释】

① 艮其趾：注意脚趾，是注意何护脚趾，有防微杜渐的意思，所以是有利的。

【译文】

初六：注意他的脚趾，这样就不会有灾祸，卜问长期的事有利。

《象传》说：注意他的脚趾，这就说明没有失去正道。

六二：艮其腓①，不拯其随②，其心不快。

《象》曰：不拯其随，未退听也③。

【注释】

① 腓：腿肚。艮其腓，与初六爻辞艮其趾同义而词异。

② 不拯其随：拯，借为增，增长。随，借为隋，垂肉。不拯其随，犹言小腿不长肌肉。

③ 未退听：《周易集解》作"未违听"，是。医生认为小腿不长肌肉是消瘦，故听后心里不舒服。

【译文】

六二：注意他的小腿，不长肌肉，他的心中是不会快乐的。

《象传》说：小腿不长肌肉，是说其人固执己见，没有退回来，听取别人的意见。

九三：艮其限①，列其夤②，厉，熏心。

《象》曰：艮其限，危熏心也。

【注释】

① 限：《释文》："马云：限，要（腰）也。郑、荀、虞同。"

② 列其夤列：裂本字。《集解》本作裂，分裂，即分散。夤，《释文》："马云：夹脊肉也。郑本作𦞂。"夹脊肉即胁部肌肉。

【译文】

九三：注意他的腰部，分散他注意脊背的肉，危险就像火一样烧灼他的心。

《象传》说：注意他腰部，说明注意力不全面，那么危险就像火一样烧灼他的心。

六四：艮其身，无咎。

《象》曰：艮其身，止诸躬也。

【译文】

六四：注意他的身体，就不会受害。

《象传》说：注意他的身体，是说其人注意力全部集中于自身。

六五：艮其辅①，言有序，悔亡。

《象》曰：艮其辅，以中正也。

【注释】

① 辅：脸。

【译文】

六五：注意他的脸颊，说话很有条理，自然没有悔恨。

《象传》说：注意他的脸颊，说明六五爻居于中位能守中正之道。

上九：敦艮，吉①。

《象》曰：敦艮之吉，以厚终也。

【注释】

① 敦：《周易大传今注》："敦，犹多也。'敦艮'者，谓上多所顾及，不致顾此失彼，顾前忘后，可无败事是吉也。"故敦艮犹言注意身体的全部。

【译文】

上九：全面注意自己的身体，吉祥。

《象传》说：全面注意自己的身体之所以吉祥，是由于其人秉守忠厚，必得善终。

渐卦第五十三

䷴ 艮下
　　巽上

【题解】

本卦以鸿鸟的飞行及女子出嫁为喻，形象生动地阐述了循序渐进的道理。鸿鸟是由水边，到石上、陆地、树上、山丘、高山，一步步由低到高，由近到远发展的，女子出嫁也是如此。可以说任何事物发展都存在着这种渐进规律，即都是由小到大，积少成多，先由量变的逐步积累，达到一定程度后，才能最终引起质变。时机不成熟，不能勉强行事，但渐进的同时，还必须合乎自然规律和正道，并且脚踏实地，这样才会前途光明，否则就会劳而无功。

渐①：女归吉②。利贞。

【注释】

① 渐：卦名。本卦为异卦相叠（艮下巽上）。上卦为巽，巽为木；下卦为艮，艮为山。木植于山上，不断生长。喻人立身于道义，培养其德行，进而影响他人，移风易俗。所以卦名曰渐。渐，就是渐进的意思。

② 归：古代以女子出嫁为归。

【译文】

《渐卦》：妇子出嫁会得到吉祥。卜问吉利。

《彖》曰：渐之进也①。"女归吉"也，进得位，往有功也②。进以正，可以正邦也。其位刚得中也③。止而巽，动而不穷也④。

【注释】

① 渐之进也：朱熹说："之字疑衍。"朱说是。此句当为："渐，进也。"

② 进得位：本卦初爻为阴爻，居阳位，升进而至于第二爻、第四爻，皆居阴位，是位像相得，喻女子出嫁夫家，得主妇之位。

③ 其位刚得中也：此以九五爻象、爻位为据。九五阳爻，为刚，居上卦中位，第五位又为阳位，是性相合而位得中。喻君王正其位，治理其邦国。

④ 止而巽：本卦下卦为艮，艮为山，其象为静止；上卦为巽，巽义为逊。沉着谦逊是《渐卦》的品德。

【译文】

《彖传》说：《渐卦》，就是渐进的意思。如同女子出嫁就会得到吉祥，因为女子进夫家，得居主妇的地位，能持家庭之政。循序渐进又能够坚守正道，就可以治国安邦。居于显贵之位，刚健而得中道，静止和谦逊，不轻率地前进，如此循序渐进就不会困穷。

《象》曰：山上有木，渐。君子以居贤德善俗①。

【注释】

① 善俗：《释文》："善俗，王肃本作善风俗。"善，改善。

【译文】

《象传》说：《渐卦》的卦象是艮（山）下巽（风）上，表明高山上的树木逐渐长得高大，故称为《渐卦》。君子观看高山上的树木逐渐生长的情况，于是修养德性，改善社会的风尚、礼节和习惯。

初六：鸿渐于干①。小子厉②，有言③，无咎。

《象》曰：小子之厉，义无咎也。

【注释】

① 鸿渐于干：鸿，王弼说："鸿，水鸟也。"渐，进，走到。干，《释传》"荀、王肃云：山间涧水也。"即山涧。鸿渐于干，这是象占之辞。本卦六爻均以鸿雁为占，所占多为日常生活中的事情，《象传》则附会解释。

② 小子：指小孩。

③ 言：呵责、谴责。

【译文】

初六：鸿雁飞进山涧。象征着年幼无知的孩子有危险，应该加以斥责就不会有灾祸。

《象传》说：年幼无知的孩子有危险，由于有家长斥责制止，就不会发生什么灾祸了。

六二：鸿渐于磐①，饮食衎衎②。吉。

《象》曰：饮食衎衎，不素饱也。

【注释】

① 磐：本作般。王引之说："《史记·孝武纪·封禅书》《汉书·郊祀志》并引武帝诏曰：'鸿渐于般。'孟康注曰：'般，水涯堆也。'其义为长。"水涯堆，指水边石堆。

② 衎衎：喜乐貌。

【译文】

六二：鸿雁飞起来逐渐前进到水边的石堆上，饮食和乐，吉祥。

《象传》说：饮食和乐。说明其人自食其力，从不白吃白喝。

九三：鸿渐于陆。夫征不复，妇孕不育，凶。利御寇。

《象》曰：夫征不复，离群丑也①，妇孕不育，失其道也。利御寇，顺相保也。

【注释】

① 丑《尔雅·释诂》："丑，众也。"

【译文】

九三：鸿雁飞起来逐渐前进到陆地。好比丈夫远去出征而不复返妇女怀孕可能流产，这是凶险之兆。但却能以刚烈御强寇。

《象传》说：丈夫远去出征而不复还，说明其人掉队遇险。妇人怀孕而流产，说明其人失去保胎的方法。但却能以刚烈御强寇，说明人们和顺而互相保卫。

六四：鸿渐于木，或得其桷①，无咎。

《象》曰：或得其桷，顺以巽也②。

【注释】

① 桷：《说文》："榱也。椽方曰桷。"圆的叫椽，方的叫桷，房屋顶上承瓦的木条。大雁是有蹼，与鹅鸭同，不适宜栖息树上，所以栖息在较平的木料上。

② 顺以巽：以此六四、九五之爻象、爻位为据。顺，顺从。巽，谦逊。

【译文】

六四：鸿雁飞起来逐渐前进到树上，或许能找到堆放产平的桷木得以栖息，这样就没有灾祸。

《象传》说：或许能寻找到堆放较平的桷木得栖息。说明六四阴爻居于九五阳爻之下，像人柔顺和谦逊。

九五：鸿渐于陵。妇三岁不孕，终莫之胜①，吉。

《象》曰：终莫之胜，吉，得所愿也。

【注释】

① 胜《周易通义》："胜，虞翻注：'陵也。'"陵，欺凌。古代妇女不孕是遭人休弃的。

【译文】

九五：鸿雁飞起来逐渐前进到丘陵上，好比妻子多年不能怀孕，但始终不会被欺侮休弃，吉祥。

《象传》说：始终不会被欺侮休弃，这是吉祥之事，实现了夫妇白首到老的愿望。

上九：鸿渐于阿①，其羽可用为仪②，吉。

《象》曰：其羽可用为仪，吉，不可乱也。

【注释】

① 阿：原讹为陆。但作陆不仅与九三爻辞重复，且不协韵。江永、王引之、俞樾均说是阿之讹。阿、仪古为韵。今据改。《说文》："阿，大陵也。"

② 仪：古人文舞的道具，用鸟羽编织。

【译文】

上九：鸿雁飞起来逐渐前进到高山之上，它漂亮的羽毛可以用来编织舞具，吉祥。

《象传》说：漂亮的羽毛可以用来编织舞具，吉祥，说明鸿雁的羽毛纯而不杂，像人心志不乱。

归妹卦第五十四

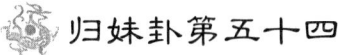
兑下
震上

【题解】

《归妹》卦反映周代婚姻中的姪娣制度。这是一种特殊的一夫多妻制，只适用于诸侯。据《公羊传》记述，诸侯一生只娶一次，一次九女。其中，一女为嫡妻，就是夫人；其余八女为媵（音yìng），是陪嫁做小老婆的。这八人中，有两人是嫡妻的侄女或妹妹，还有两人是由与嫡妻同姓的诸侯国送来陪嫁的，这两人又各自带有两名侄女或妹妹作为自己的陪嫁。陪嫁者如果年幼，就在娘家等到十五岁再来，二十岁过夫妇生活。简单地说，侄女、妹妹陪同姑姑、姐姐嫁给同一诸侯，这就叫姪娣制度。

归妹①：征，凶。无攸利。

【注释】

① 归妹：卦名。本卦为异卦相叠（兑上震上）。上卦为震，震为动；下卦为兑，兑义为悦。上震下兑，喻男女动心而生爱慕之情，男女爱慕则有婚姻之动，所以卦名曰归妹。归，出嫁。妹，少女的总称。

【译文】

《归妹卦》：出征会有凶险，无所利。

《彖》曰：归妹，天地之大义也。天地不交，而万物不兴。归妹，人之终始也。说以动，所归妹也①。"征凶"，位不当也。"无攸利"，柔乘刚也。

【注释】

① 所归妹也：《释文》："所归妹也，本或作所以归妹。"有以字，文意较顺。

【译文】

《彖传》说：《归妹卦》即男女婚配，这是天地间的大义。宇宙间天地阴阳如果不相交感应，万物就不会繁衍生息，兴旺发达。婚嫁，是与人类的生存相终始的。由于喜悦从而产生兴奋，所以称为《归妹卦》。卦辞说："出征则有凶险"，这是说所居的位置不适当。卦辞说："无所利"，是因为刚与柔不顺，阴阳失调。

《象》曰：泽上有雷，归妹。君子以永终知敝①。

【注释】

① 永终知敝：永终，犹言贯穿全过程。敝，当作弊，弊病。

【译文】

《象传》说：《归妹卦》的卦象是兑（泽）下震（雷）上，兑又代表少女，震又代表长男为嫁出少女之表象，故称为《归妹卦》。君子应当永使夫妇和谐，白头偕老，从中体察到婚姻的成功与失败。

初九：归妹以娣①。跛能履。征。吉。

《象》曰：归妹以娣，以恒也。跛能履吉，相承也②。

【注释】

① 娣：女弟，俗称妹妹。姊妹同嫁一夫，以妹为陪嫁，谓之媵，是群婚制的遗迹，先秦尚有此风俗。

② 承：帮助。

【译文】

初九：嫁少女而将其妹妹一同陪嫁。跛脚而能奋力向前行走。筮遇此爻，出行吉祥。

《象传》说：嫁女而将其妹妹一同陪嫁，这是婚嫁中的常规。跛脚而能奋力向前行走，出行吉利，是因为跛者有人相助。

九二：眇能视①，利幽人之贞②。

《象》曰：利幽人之贞，未变常也。

【注释】

① 眇：目盲，眇能视，此为象占之辞。是求筮者梦中之象。喻其人脱离牢狱，重见天日。

② 幽人：囚徒。

【译文】

九二：眼睛瞎了仍能看到东西，这是利于囚徒的卜问。

《象传》说：这是利于囚徒的卜问，因为身处囚笼尚不失正道，故能重见光明。

六三：归妹以须①，反归以娣。

《象》曰：归妹以须，未当也。

【注释】

① 须：借为嬃。以须，犹言以姊为陪嫁。

【译文】

六三：嫁少女而用其姊陪嫁，随后将其妹返归父母家。

《象传》说：嫁少女而用其姊陪嫁，这样做是不妥当的。

九四：归妹愆期①，迟归有时②。

《象》曰：愆期之志，有待而行也③。

【注释】

① 愆：过，过期。

② 时：《谷梁传·隐公七年》范注引作待。时当作待。

③ 行，高亨说："行，犹嫁也。古语谓婚曰行，谓退曰适，均以女嫁是行往夫家也。"

【译文】

九四：待嫁少女错过出嫁婚期，迟迟不嫁是等待好的时机。

《象传》说：超龄而不嫁，是为等待更好的时机到来再嫁。

六五：帝乙归妹①，其君之袂不如其娣之袂良。月几望②，吉。

《象》曰：帝乙归妹，不如其娣之袂良也。其位在中，以贵行也。

【注释】

① 帝乙归妹：帝乙，殷帝名乙，纣王之父；归妹，此处当指帝乙嫁女周文王。

② 月几望：望，每月阴历十五日为望。几，接近；月几望，约指每月十三、十四日，即月中旬。

【译文】

六五：帝乙嫁女于周文王，以其次女陪嫁，论嫁妆姊的不如妹的艳丽华美。婚期定于某月中旬，吉祥。

《象传》说：帝乙嫁女于周文王，姊的嫁妆不如妹的艳丽华美。说明虽身居中位，十分尊贵，却能保持勤俭谦虚的美德。

上六：女承筐①，无实；士刲羊，无血②。无攸利。

《象》曰：上六无实，承虚筐也。

【注释】

① 承筐：犹言捧着盛祭品的器具。承，捧。

② 刲：宰割，刺杀。古代贵族结婚有献祭家庙之礼。爻辞所讲"女承筐，士刲羊"即为行献祭之礼。

【译文】

上六：女子捧着盛祭品的筐篮，但筐中没有实物；男子用刀刺羊，却不见出血。无所利。

《象传》说：《归妹卦》的第六爻位（上六）讲空虚无实，就好比手持空空的篮筐一样。

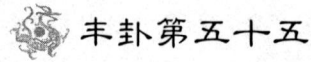

丰卦第五十五

☲ 离下
☳ 震上

【题解】

《丰》卦讲丰，没有描述丰满盛大的状态，而是着眼于如何致丰、保丰，核心思想是"明以动"。用明去指导动，这既是实现丰满盛大的途径，也是保卫丰满盛大的关键。明到什么程度？卦辞回答是"日中"，要像正午的太阳，光辉灿烂，明照毫末。这是很高的境界要求。

丰①：亨②，王假之③。勿忧，宜日中④。

【注释】

① 丰：卦名。本卦为异卦相叠（离下震上）。上卦为震，震为雷；下卦为离，离为电。电闪雷鸣，是上天垂示的重大天象。人们因雷鸣而敬戒修身，因闪电而明察事理，其成就必巨。所以卦名曰丰。

② 亨：当作享，祭祀。

③ 假之：假，当读为格，至、到。之，指代祭祀之所。

④ 宜日中：君王到庙中祭祀宜在中午时分。

【译文】

《丰卦》：祭祀之时，君王亲临宗庙。不用担心，最佳时辰当在正午时分。

《彖》曰：丰，大也。明以动①，故丰。"王假之尚大也②"。"勿忧，宜日中"，宜照天下也。日中则昃③，月盈则食④，天地盈虚，与时消息，而况于人乎？况于鬼神乎？

【注释】

① 明以动：本卦上卦为震，震为雷；下卦为离，离为电。电闪雷鸣，光满天地是丰卦最突出的卦像。喻人明于事理，依理而行，成就必大。

② 尚大：尚，尊尚，重视。大，大事，这里指祭祀。

③ 昃：日西斜曰昃。

④ 食：《释文》："食，或作蚀。"蚀，侵蚀。月食，意指月志，与月圆相对而言。

【译文】

《彖传》说：《丰卦》，就是指盛大丰满。人能明察事理，依理而行，必获以盛大丰满的结果，故称为《丰卦》。"亲临宗庙祭祀"，说明君王崇尚祭祀的大事。"不用担心，最佳时辰在正午时分"，因为正午太阳当头可以普照天下。太阳到了中天之后，就会西斜，月亮出现满月之后就会亏蚀。天地日月有盈有亏，随着时间的变化而消长，更何况是人？何况是鬼神呢？

《象》曰：雷电皆至，丰。君子以折狱致刑①。

263

【注释】

① 折狱致刑：折狱，断狱。致刑，施刑。

【译文】

《象传》说：《丰卦》的卦象是离（火）下震（雷）上，离为闪电，震为雷，为雷电同时到来之表象，故称之《丰卦》。君子应该像雷电那样，审案刑罚正大光明。

初九：遇其配主①，虽旬②，无咎。往有尚③。

《象》曰：虽旬无咎，过旬灾也③。

【注释】

① 配：《释文》："郑作妃。云嘉偶曰妃。"配主，犹言女主人。此卦历来解说纷纭，莫衷一是。较多人认为此卦是讲述商旅之事的专卦。读者细读各爻，自可分析得知。《象传》的解说则望文生义，多为空洞之辞。

② 旬：李镜池说："借为姁，《说文》：'姁，男女并也。'指男女姘居结合。"

③ 《象传》以十日释旬，与经意有异。

【译文】

初九：旅途中遇见一位女主人，与这位寡居的女人结成夫妻。不会遭人议论，且能得到人们的赞同。

《象传》说：十天内不致受害，意思是过了十天就可能会有灾祸了。

六二：丰其蔀①。日中见斗②。往得疑疾③。有孚发若④。吉⑤。

《象》曰：有孚发若⑥，信以发志也。

【注释】

① 丰其蔀：丰，大，这里用如动词，加大。蔀《释文》："郑、荀作菩，云小席。"丰其蔀，犹言将小席拼缀起来。

② 斗：北斗星。日中见斗，这是幻觉。

③ 往得疑疾：往，出外，这里指同行之人，旅伴。疑疾，高亨说："多疑之病，精神病之一种。"

④ 有孚发若：孚，罚。这里当指刺激。发，借为化，化解，清醒。若，他，指精神错乱者。

⑤ 吉：这里当指病愈。

⑥ 有孚发若：孚，《象传》释为诚信。发，释为表达。若，词尾无义。与经意有别。

【译文】

六二：将小席拼缀起来，躺下休息。正午时分，有人说看见北斗星。看来旅伴之中有人精神错乱。对他加以刺激，或许可以使他清醒。

《象传》说：存心诚信，一言一行都能表现出来，因为这是坦白直率地表达了自己的心愿。

九三：丰其沛①，日中见沫②。折其右肱③。吉。

《象》曰：丰其沛，不可大事也。折其右肱，终不可用也。

【注释】

① 丰其沛：丰，大，用如动词，增多。沛，《子夏易传》作芾。芾亦作茇，声通《说文》："茇，草根也。"

② 沫：借为魅，鬼怪。

③ 肱：手臂。

【译文】

九三：将铺草加厚，躺下休息。正午时分，此人又说看见鬼魅，将他的右臂折断。经此一吓，或许他能清醒过来。

《象传》说：将铺草加厚，这起不了什么大的作用。将其右臂折断，那他就终身残废了。

九四：丰其蔀，日中见斗。遇其夷主①，吉。

《象》曰：丰其蔀，位不当也。日中见斗，幽不明也。遇其夷主，吉行也。

【注释】

① 夷：常。夷主，大概是经常接待这些旅人的老店主。

【译文】

九四：将小席拼缀起来，躺下休息。正午时分，此人还在说看见北斗星，看来还未恢复正常。幸好遇着了他的老店主，把他托付给老店主，这一下可清静平安了。

《象传》说：将小席拼缀起来，随地休息，是所处不得当，正如九四阳爻而处于阴位一样。正午时分看见北斗，也许天空迷暗不明的缘故。遇着他的老店主，这是吉利之行。

六五：来章①，有庆誉。吉。

《象》曰：六五之吉，有庆也。

【注释】

① 来章：来，赚来。章，借为璋，美玉。

【译文】

六五：赚得美玉，大家都庆贺夸奖他。这是吉利之兆。

《象传》说：六五爻辞所讲的吉利，是因为有吉庆之事。

上六：丰其屋①，蔀其家②，窥其户③，阒其无人④，三年不觌，凶。

《象》曰：丰其屋⑤，天际翔也。窥其户，阒其无人，自藏也。

【注释】

① 丰其屋：丰，大，意为空敞，这里用如动词。丰其屋，犹言这所房子空荡荡的。

② 蔀其家：蔀，小席；这里用如动词。蔀其家，犹言屋顶上散乱盖着草席。

③ 窥：探视。

④ 阒：虚空寂静。

⑤ 丰：《象传》释为增修扩建。

【译文】

上六：房子空荡荡的，屋顶上散乱盖着草席，从门缝里探视，寂无一人，看样子这里多年来未住人了。这是不祥之兆。

《象传》说：增修扩建房屋，看来此人如鸟翔蓝天，志得意满，发财不小。从门缝里探视，寂无一人，看来财多害身，横遭灾祸，他逃生去了。

旅卦第五十六

☶ 艮下
☲ 离上

【题解】

《旅》卦所说的"旅",指离家外出,滞留他乡。经商、逃难、周游列国,等等,可说是五花八门,只是今天所说的旅游怕不能包括在内。古人安土重迁,把长期离家看成是万难的争。正是针对这种"难"的情绪和事实,《旅》卦讲述了在漂泊中寻求安居的原则。

旅[①]:小亨。旅贞吉。

【注释】

① 旅:卦名。本卦为异卦相叠(艮下离止)。上卦为离,离为火;下卦为艮。艮为山。山中燃火,是野居途宿之象,所以卦名曰旅。

【译文】

《旅卦》:稍见亨通。卜问旅行,吉利。

《彖》曰:旅,"小亨",柔得中乎外[①],而顺乎刚[②],止而丽乎明[③],是以"小亨,旅贞吉"也。旅之时,义大矣哉。

【注释】

① 柔得中乎外：此以六五爻象、爻位为据。六五阴爻，为柔，居外卦中位，是谓"得中乎外"。像旅行在外之人，能依正道行事。

② 顺乎刚：此以上九、六五爻像、爻位为据。上九阳爻，为刚，处于六五阴爻之上，是阴柔顺乎阳刚。像羁旅人依托于强者的庇护。

③ 止而丽乎明：本卦下卦为艮，艮为山，山有静止之象；上卦为离，离为日，因而说大山静止处于阳光的普照之下。

【译文】

《象传》说：《旅卦》，是稍见亨通。像旅人行中正之道，得到强者的庇护，如高山正直，处在阳光的普照之中，所以卦辞说："稍见亨通，出行合乎道义，必逢吉祥。"旅途中要依义顺时的意义甚是重大呀！

《象》曰：山上有火，旅。君子以明慎用刑，而不留狱①。

【注释】

① 留狱：指办案拖拉，带留案件。

【译文】

《象传》说：《旅卦》的卦象是艮（山）下离（火）上，为火势匆匆蔓延之表象，故称为《旅卦》。君子观此卦象，应谨慎使用刑罚，慎重判决，既不滥施刑罚，又不拖延狱讼。

初六：旅琐琐①，斯其所②，取灾。

《象》曰：旅琐琐，志穷灾也。

【注释】

① 琐琐：琐琐是惢惢的假借，多疑之谓。《说文》："惢，心疑也。"

② 斯其所：斯，毛奇龄《仲氏易》说："斯，本作分析解，故《说文》以斯为分，《尔雅》以斯为离。"所，处所。斯其所，离开住处。

【译文】

初六：旅人三心二意，离开住所，结果自遭灾祸。

《象传》说：旅人三心二意，是意志穷迫造成的灾祸。

六二：旅即次①，怀其资，得童仆，贞②。

《象》曰：得童仆，贞③，终无尤也。

【注释】

① 次：旅舍。

② 贞：高亨说："贞下当有吉字，转写脱去。"此说有理。贞，卜问。古时买仆妾常卜问。

③ 《象传》引爻辞，贞下亦应有吉字。

【译文】

六二：旅客住在旅舍，携带钱财，买得一男仆，卜问得吉祥。

《象传》说：买得一男仆，卜问得吉祥，是说这买卖没有问题。

九三：旅焚其次，丧其童仆，贞厉。

《象》曰：旅焚其次，亦以伤矣。以旅与下①，其义②丧也。

【注释】

① 下：当指新买之男仆。

② 义：借为宜。

【译文】

九三：旅途中旅舍失火，新买的男仆乘乱跑掉，卜问出现危险。

《象传》说：旅途中旅舍失火，已经遭受到损失。旅人与其男仆同住，男仆乘乱跑掉，是很自然的。

九四：旅于处①，得其资斧②，我心不快。

《象》曰：旅于处，未得位也③。得其资斧，心未快也。

【注释】

① 处：犹所，住处。

② 资斧：钱财。资，资财。斧，仿农具的一种钱币，故名。

③ 未得位也：此以九四爻象、爻位为据。九四阳爻而居阴位，像人所处环境不利。

【译文】

九四：旅人回到旅舍的住处，赚了不少钱，但心情仍然不愉快。

《象传》说：旅人回到旅舍的住处，因为毕竟未得到长久安身的地方。赚了不少钱，但由于失去男仆，故此时心中仍不畅快。

六五：射雉，一矢亡，终以誉命①。

《象》曰：终以誉命，上逮也。

【注释】

① 誉命：誉，赞誉。命，命中，犹言善射。

【译文】

六五：射野鸡，一发命中，其人因而博得善射的美名。

《象传》说：终于博得善射的美名，众口传颂，上面的人也知道了。

上九：鸟焚其巢，旅人先笑后号咷，丧牛于易①。凶。

《象》曰：以旅在上②，其义焚也。"丧牛于易"，终莫之闻也③。

【注释】

① 易：通狄。北方少数民族名。

② 上：上位，高爵。以旅在上，《象传》释此爻是顺着六五爻辞的解释而来的，前而讲其人善射，名声上达，此处则讲其人因此而博得高爵，以旅人而居高爵是所得非分。

《象传》释此爻，又早以上九爻象、爻位为据。上九阳爻居一卦之首，像人身居上位，遭人疾退。

③ 闻：王念孙说："闻，读为问，相恤问也。"

【译文】

上九：鸟巢被火烧掉，旅人的邑落被抢劫，原先的喜悦欢笑，变成了如今的号啕痛哭。在狄人那里失去了牛，有凶险。

《象传》说："作为旅客却在异乡身居高位，这样必然要遭到居室焚毁之灾。在伙人那里失去了牛，也没有来慰问，是意料之中的事。"

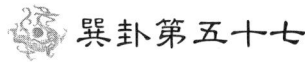

巽卦第五十七

☴ 巽下
　巽上

【题解】

"巽"的本来含义是进入、渗入、深入。深入事物之中,当然要顺事物之理,因此,"巽"又派生出顺从、谦逊的含义。《巽》卦讲深入,主体是阳,目的是办事。具体到古代社会生活,就是贵族对要办的事,三令五申,让大家都知道,跟着去做。都知道,意味着政令的深入;跟着做,当然是服从。

巽①,小亨,利有攸往,利见大人。

【注释】

① 巽:卦名。本卦是同卦相叠(巽下巽上)。巽为风,两巽相重,有长风相随之象。卦名之所以为巽,据李镜池研究,巽字篆文像二人跪于地上,表示顺服之意。

【译文】

《巽卦》稍见亨通,利于出行,利于会见王公贵族。

《彖》曰:重巽以申命①。刚巽乎中正而志行②。柔皆顺乎刚[3]，是以"小亨。利有攸往，利见大人"。

【注释】

① 申命：申，申述，表明。命，意旨。

② 刚巽乎中正：本卦九二、九五阳爻，为刚，分别居于下卦与上卦的中位，所以说"刚巽乎中正"。巽《说卦》："巽，入也。"这里为入居之意。此种爻象表明，行为合于正道，自然志得意行。

③ 柔皆顺乎刚：本卦初六，六四阴爻，为柔，分别居于二阳爻之下，是阴柔俯顺于阳刚之象。像臣民俯顺于君上，所以为"小亨"之兆。

【译文】

《彖传》说：两个巽卦上下重叠，意在重申上面的意旨。阳刚者行为果敢、刚毅、公正，人人顺从，他的志向和抱负才能实现，而阴柔者能以谦柔去顺乎阳刚，所以说"稍见亨通，利于出利，利于公见王公贵族"。

《象》曰：随风，巽。君子以申命行事。

【译文】

《象传》说：《巽卦》的卦象是巽（风）下巽（风）上，为风行起来无所不入之表象，故称为《巽卦》。具有贤良公正美德的君主应当仿效风行而物无不顺的样子，申明政令，推行政事。

初六：进退，利武人之贞。

《象》曰：进退，志疑也。利武人之贞，志治也①。

【注释】

① 志治：犹言意志坚定而不慌乱。

【译文】

初六：进退听命，这是利于武人的卜问。

《象传》说：进退听命，是因为自己没有主见。武人应该有坚定的意志，这样才能临危不乱。

九二：巽在床下①，用史巫纷若②，吉，无咎。

《象》曰：纷若之吉，得中也③。

【注释】

① 巽：俯顺，俯卧。

② 史巫纷若：史、巫者是古代从事迷信活动的人。祝史司祭，巫以降神，清除不祥。若，纷杂混乱的样子，形容词词尾。高亨说："纷，疑借为衅。衅是一种巫术，用牲血涂人身或器物等，以驱逐鬼魅，清除不祥。"可备一说。

③ 得中：此以九二爻象、爻位为据，九二阴爻居下卦中位，是各中其位。在此处喻人病情有好转之兆。

【译文】

九二：伏在床下，祝史、巫士乱纷纷地祷告，吉祥，没有什么灾祸。

《象传》说：乱纷纷地祷告之所以会得到吉祥，这是因为九二爻能够居中守正的缘故。

· 275 ·

九三：频巽，吝①。

《象》曰：频巽之吝，志穷也。

【注释】

① 频巽：频，借为，皱眉，喻指愁眉不展。巽，顺从。

【译文】

九三：勉强顺从，其心必不顺畅。

《象传》说：勉强顺从，心中不顺畅，是说志穷而无可奈何。

六四：悔亡，田获三品①。

《象》曰：田获三品，有功也。

【注释】

① 田，同畋，狩猎。三品，犹言多种多类。

【译文】

六四：没有悔恨，田猎时得到各种猎物。

《象传》说：田猎时得到各种猎物，说明围猎大有收获。

九五：贞吉，悔亡，无不利。无初有终。先庚三日，后庚三日①，吉。

《象》曰：九五之吉，位正中也②。

【注释】

① 先庚三日，后庚三日：先庚三日，即庚日之前三日，即丁日；后庚三日，即庚日之后三日，即癸日。上古历法，每旬十日，以甲、乙、丙、丁、戊、己、庚、辛、壬、癸十字记之。从丁日到癸日共七日，周人占时日，多以七日为度。可参见蛊卦、复卦注。

② 位正中也：此以九五爻象、爻位为据。九五阳爻居上卦中位，此位象极佳，故曰："正中。"

【译文】

九五：卜问得吉兆，悔恨会消失，做任何事情没有不顺利的。虽没有好的开头，但有好的结果，时日定在丁日或癸日，其事一定成功。

《象传》说：《巽卦》的第五爻位（九五）之所以讲吉祥，是因为它居中端正，守持中道，慎始慎终。

上九：巽在床下，丧其资斧，贞，凶。

《象》曰：巽在床下，上穷也①。丧其资斧，正乎凶也。

【注释】

① 上：指上九之爻。上九居一卦之尽头，是穷途末路之象。

【译文】

上九：伏在床下，丧失了钱财，卜问结果是凶险的。

《象传》说：伏在床下，正是上九阳爻穷途末路之象。

丧失了钱财，正是凶险之事。

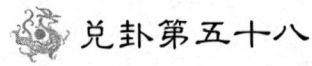

兑卦第五十八

☱ 兑下
☱ 兑上

【题解】

本卦阐发与人和睦相处之道，即倡导对人和蔼亲切，与人交往和善友爱，说话做事和颜悦色，使彼此心情舒畅，和谐融洽。这是吉祥顺利的局面，但做到这一点很不容易，它需要内有主见，刚毅待中，外则谦逊和气，尊重别人，但这并不是鼓励对别人阿谀谄媚，或不分是非一味逢迎巴结。故与人建立和悦的关系是好事，但要以贞正为先决条件，即不仅要明辨是非，光明正大，还要和而不同，坚持原则，并要防止小人的溜须拍马，以免落入圈套。

兑①：亨。利贞。

【注释】

① 兑：卦名。本卦为同卦相叠（兑下兑上）。兑为泽，两兑相叠，有两泽相连，两水交流之象，喻上下相和，则团结一致，朋友相慕，则切磋讲习，这是一个令人欢欣的场面，所以卦名曰兑。兑，《象辞》说："兑，说也。"说，即悦。

【译文】

《兑卦》：亨通。吉利的卜问。

《彖》曰：兑，说也。刚中而柔外①，说以"利贞"，是以顺乎天而应乎人。说以先民，民忘其劳。说以犯难，民忘其死。说之大，民劝矣哉。

【注释】

① 刚中而柔外：本卦九二、九五阳爻，为刚，分居下卦、上卦中位，是为"刚中"。六三、上六阴爻，为柔，分居下卦、上卦外位，所以说"柔外"。这种卦象显示，君子内秉刚健之德，外抱柔和之姿，坚行正道。

【译文】

《彖传》说：《兑卦》，就是喜悦的意思。说明阳刚居中坚守正道而对外则谦柔恭顺，使人民喜悦，即与民有利而又坚守正道，所以能够顺乎天意而合乎人心。贤君明主无论做任何事情，只要自己肯乐于不辞烦劳，民众就会忘却一切劳苦艰辛；假如自己能率先趋危赴难甘冒难险，民众则会忘记死亡的危险；由此说来，欣悦的意义是那样宏大，可以使民众自我勉励啊！

《象》曰：丽泽①，兑。君子以朋友讲习。

【注释】

① 丽泽：两泽相连。

【译文】

《象传》说：《兑卦》的卦象是兑（泽）下兑（泽）上，为两个泽水并连之表象。泽水相互流通滋润，彼此受益，因此称为《兑卦》。

君子应当效法这一精神，乐于同志同道合的朋友一道研讨学业，讲习道义。

初九：和兑，吉。
《象》曰：和兑之吉，行未疑也①。
【注释】
① 行未疑：未疑则信，所以能和睦喜悦。
【译文】
初九：和睦欢喜，吉利。
《象传》说：和睦喜悦之所以吉祥，是因为行为诚信端正，不被人猜疑。

九二：孚兑，吉，悔亡①。
《象》曰：孚兑之吉，信志也②。
【译文】
九二：以诚信使人和悦，故而得到吉祥，没有悔恨。
《象传》说：以诚信使人和悦，故而得到吉祥，说明心志诚信、笃实，能获得好的结果。

六三：来兑，凶①。
《象》曰：来兑之凶，位不当也②。

【注释】

① 来：招来，归服。

② 位不当：此以六三爻象、爻位为据。六三阴爻而居阳位，喻人所行与其地位不相称。

【译文】

六三：以使人归服为乐，蕴藏着凶险。

《象传》说：以使人归服为乐，蕴藏着凶险，是因为居位不当的缘故。

九四：商兑未宁①，介疾有喜②。

《象》曰：九四之喜，有庆也。

【注释】

① 商兑未宁：商，商谈。商兑，犹言商谈互相和好。宁，定。未宁，犹未达成协议。

② 介疾有喜：介，小。介疾，小毛病。这里互相之间的矛盾分歧。喜，矛盾化解。

【译文】

九四：商讨和好之事，尚未达成协议，但互相之间的矛盾有望可化解。

《象传》说：《兑卦》的第四爻位（九四）所讲的喜，即是指将有庆贺之事。

九五：孚于剥①，有厉。

《象》曰：孚于剥，位正当也②。

【注释】

① 孚于剥：《周易集辞》："剥之为义，小人道长之谓。"指相信小人，故有危险。

② 位正当，九五阳爻处上卦中位，是得其位。

【译文】

九五：相信小人的巧言令色，必有危险。

《象传》说：相信小人的巧言令色，只可惜它所居的正当之位了。

上六：引兑①。

《象》曰：上六引兑，未光也②。

【注释】

① 引：引诱。

② 未光：引人喜悦，喜悦者亦喜人讨好，故他的道德还未光明。

【译文】

上六：引导大家和睦相处。

《象传》说：《兑卦》的第六爻位（上六）说引诱别人一同欢悦，不是光明正大的品德。

涣卦第五十九

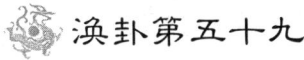

☴ 坎下
巽上

【题解】

《涣》卦的主旨是什么？传统的说法是救散治乱，但这并不准确。

实际上，《涣》卦讲的是统治阶级的教化问题。所谓教化，就是面向全社会的思想道德教育。卦辞显示，教化的主要内容是尊天敬祖，主要形式是神道设教。

涣①：亨，王假有庙。利涉大川。利贞。

【注释】

① 涣，卦名。本卦为异卦相叠（坎下巽上）。下卦为坎，坎为水；上卦为巽，巽为风。风行水上，推波鼓澜，四方横流，所以卦名曰涣。涣，《说文》："水流散也。"用以喻君王乘德教之舟，乘风破浪，畅行四方。

【译文】

《涣卦》：亨通，因为君王亲临祠庙祭祀神灵以祈求保佑。利于涉水过江河。这是吉利的卜问。

《彖》曰：涣，"亨"，刚来而不穷①，柔得位乎外而上同②"王假有庙"，王乃在中也。"利涉大川"，乘木有功③也。

【注释】

① 刚来而不穷：本卦九二阳爻，为刚，居下卦中位，九五阳爻，为刚，居上卦之中位，分居内外之主位，是中正其位而四向可通之象。

② 柔得位乎外而上同：本卦六四阴爻，为柔，居外卦之阴位（第四位为阴位），是柔得位而处于外。初六、六四阴爻，分别处于九二、九五阳爻之下，有柔刚相应之象，所以说"上同"。

③ 乘木有功：本卦上卦为巽，巽为木，下卦为坎，坎为水，乘舟渡水，平安无事。

【译文】

《彖传》说：涣卦，意味着亨通，阳刚之士居于阴柔中而不困穷，阴柔者对外居于正位，而与阳刚之志相协同。"君主去祠庙祭祀神灵，以祈求其保佑"，是说贤明的君主能将涣散的人心聚为一处，而自己则居于他们的中心。"有利于涉过大川河流"，是说只要人心聚为一处，同心协力，乘着木船也能排除惊涛险浪而取得成功。

《象》曰：风行水上。涣。先王以享于帝，立庙。

【译文】

《象传》说：《涣卦》的卦象是坎（水）下巽（风）上，为风行水上之表象，故称为《涣卦》。先王因此便祭祀天帝，修建庙宇。

初六：用拯马壮①，吉。

《象》曰：初六之吉，顺也。

【注释】

① 用拯马壮：用，因。拯，声假作乘，乘骑。壮，借为戕，伤。沙少海先生说：本卦"是一个讲水灾的专卦……全部爻辞，都讲与水灾有关的事情，首先讲洪水成灾，冲毁房屋。中间提到殃及人畜。最后提到人们要吸取教训，加强防范，以免灾难重临"。细绎各爻，此说有理。《象传》所释与此大有出入。

【译文】

初六：洪水突来，因而乘马逃奔，匆促跌伤，幸免淹亡之祸，吉利。

《象传》说：《兑卦》的第一爻位（初六）讲之所以是吉祥的，这是由于它能顺承阳刚的缘故。像马顺从人意。

九二：涣奔其机①，悔亡。

《象》曰：涣奔其机②，得愿也。

【注释】

① 涣奔其机：涣，洪水。奔，借为崩，冲毁。（沙少海先生说）。机，惠士奇《易说》谓当作几。《说文》："几，下基也。"这里指房基。

② 《象传》释"涣"为冲洗，冲散。"机"释为迹，污迹。与经意有别。

【译文】

九二：洪水奔涌，冲毁房基。幸免于难，没有悔恨。

· 285 ·

《象传》说：水流冲刷污垢，正是心中所愿。

六三：涣其躬，无悔。

《象》曰：涣其躬，志在外也。

【译文】

六三：洪水冲到身上，有惊无险，因此没有什么悔恨。

《象传》说：冲刷他的身体，说明其人志向在外。

六四：涣其群①，元吉，涣有丘②，匪夷所思③。

《象》曰：涣其群，元吉，光大也。

【注释】

① 群：人群。

② 丘：山丘。

③ 匪夷所思：犹言不是平常可以想见的。匪，读灰非。夷，平常。

【译文】

六四：洪水冲向人群，然而十分幸运，因为人群聚集在山丘上，否则后果是平时难以想象的。

《象传》说：冲刷百姓，表明君王德教广施，品行光明正大。

九五：涣汗其大号①，涣王居②，无咎。

《象》曰：王居无咎，正位也。

【注释】

① 涣汗其大号：涣汗，水势盛大貌。大号，国都。

② 涣王居：犹言洪水淹及王宫。

【译文】

九五：洪水汹涌，淹没国都，淹及王宫，但没有大的灾祸。

《象传》说：王宫没有遭遇灾难，是因为九五爻居于正位，行事端正。

上九：涣其血去逖出①，无咎。

《象》曰：涣其血，远害也②。

【注释】

① 血去逖出：血，借为恤，忧患。去，消除。逖，通畅，警惕。出，产生。

② 《象传》以"远害"释此句，盖其句读有异。当理解为："涣其血，去，逖出。"释"血"为血光之灾。释"逖"为远。

【译文】

上九：洪水退去，忧患消除，但仍须警惕，这样就不会有什么灾祸。

《象传》说：摆脱血光之灾，这就是远离灾祸之道。

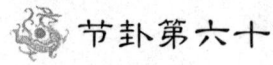
节卦第六十

☱ 兑下
坎上

【题解】

本卦谈节制之道。勤俭节约是中华民族的美德，也是事物发展的客观规律。人的欲望是无穷的，不加控制是很危险的，但节制应该适当，只有适当的节制才是好事，过与不及都会造成不应有的伤害。节制的目的是为了抑制过度的欲望，故应以顺乎自然、合乎规律为准，不能过分严格节制、勉强自己，更不能为节制而节制。节制虽非快乐，但也不能说是痛苦，应视为一种理性的自觉选择和事物发展的必然规律。

节[①]：亨。苦节[②]，不可贞。

【注释】

① 节：卦名。本卦为异卦相叠（兑下坎上）。上卦为坎，坎为水；下卦为兑，兑为泽。水满溢于泽外，务必高筑堤防以约束之，所以卦名曰节。节，节制。用以警惕人们：天地有节度，才能常新，国家有节度，才能安稳，个人有节度，才能全性。

② 苦节：犹言以节制为苦，即所谓以放肆为乐。苦：用如动词。节：节制。

【译文】

《节卦》：亨通。若以节制为苦，其凶吉则不可卜问。

《彖》曰："节，"亨"。刚柔分而刚得中①。"苦节，不可贞"，其道穷也。说以行险②，当位以节③中正以通。天地节而四时成。节以制度，不伤财，不害民。

【注释】

①　刚柔分而刚得中：本卦上卦为坎，坎为阳卦，为刚；下卦为兑，兑为阴卦，为柔。上阳下阴，是为"刚柔分"。九二、九五阳爻，为刚，分居于下卦、上卦的中位，是"刚得中"。像君臣王位，各守其分。

②　说以行险：本卦内卦为兑，兑义为悦；外卦为坎，坎义为险。临难不苟，敢行险道是节卦的意蕴。

③　当位以节：本卦上六阴爻居阴位，九五阳爻居阳位，六四阴爻居阴位，刚柔得当，爻象相通，以像君臣各遵节度，有条不紊。

【译文】

《彖传》说：《节卦》，意味着亨通。是由于刚柔有所区分而阳刚居中。卦辞说："若以节制为苦，其凶吉不可卜问"，说明节制如若不持正、适中的话，必然走向穷途末路。心情愉悦就能振奋精神勇于赴险，居位适中时就能注意节制自己，把握好适当的尺度，做任何事就一定会畅通无阻。天地正是因为有节度才形成了一年四季，统治者用典章制度来节制，就能既不浪费资财，又不妨害民众。

《象》曰：泽上有水。节。君子以制数度①，议德行。

【注释】

① 数度：犹言制度。

【译文】

《象传》说《泽卦》的卦象是兑（泽）下坎（水）上，为泽上有水之表象，故称为《节卦》。君子效法《节卦》的义理，制定典章制度和必要的礼仪法度确立伦理道德的标准。

初九：不出户庭，无咎。

《象》曰：不出户庭，知通塞也①。

【注释】

① 通塞：义在塞。犹好歹、缓急之类偏义复词。塞，不通。

【译文】

初九：不迈出庭院，没有灾祸。

《象传》说：不迈出庭院，说明知晓通则当行，阻则当止的道理。

九二：不出门庭，凶。

《象》曰：不出门庭，凶。失时极也。

【译文】

九二：不跨出门庭，会有凶险。

《象传》说：不跨出门庭，会有凶险，是因为失去了适中、妥当的时机。

六三：不节俭，则嗟若①，无咎②。

《象》曰：不节之嗟，又谁咎也？

【注释】

① 嗟：悔叹。

② 《周易通义》："'先咎'前省'节'字。"即守节俭，无咎。

【译文】

六三：不节俭则贫困，处贫困则知悔过，若守节俭则可以无灾难。

《象传》说：奢侈而带来的悔恨，这是谁之过呢？

六四：安节①亨。

《象》曰：安节之亨，承上道也②。

【注释】

① 安节：安于节俭遵礼生活。

② 承上道：承，遵从。上道：君上之道。

【译文】

六四：能安于节俭守礼的生活，故而亨通。

《象传》说：能安于节俭守礼的生活之所以亨通，说明遵从君上之道。

九五：甘节，吉。往有尚①。

《象》曰：甘节之吉，居位中也②。

【注释】

① 甘节：犹言以节俭尊礼为乐。甘，甜。

② 居位中：此以九五爻象、爻位为据。九五阳爻居上卦中位，像人守中正道。

【译文】

九五：以节俭守礼为乐，是吉祥的。前行一定会得到别人的帮助。

《象传》说：以节俭守礼为乐之所以是吉祥的，这是由于居位中正的缘故。

上六：苦节①，贞凶，悔亡②。

《象》曰：苦节，贞凶，其道穷也。

【注释】

① 苦节：以节俭遵礼为苦。

② 悔亡：前省"节"字，言若节俭则悔恨消失。

【译文】

上六：以节俭守礼为苦，卜问得凶兆，苦节俭则没有悔恨。

《象传》说：以节俭守礼为苦，卜问得凶兆，正如上六阴爻孤悬一卦之尽头，像人走入穷困不通的境地。

中孚卦第六十一

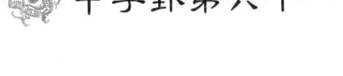
兑下
巽上

【题解】

《中孚》卦讲道德修养，主旨是强调诚与信的重要。诚，与虚伪对立，指真实不欺；信，与疑虑对立，指信念坚定。诚与信，既是道德情操，又是对行为的评价：两者融合，表里一致，是孔子认定的道德修养的最高境界，是自觉遵守社会规范的内在动力。正是在这个基础上，本卦赞美了诚、信的社会功效，认为既能感化人，也能感动"豚鱼"。感情色彩很浓厚，与"精诚所至，金石为开"的日常用语非常接近。

中孚①：豚鱼吉②。利涉大川。利贞。

【注释】

① 中孚：卦名。本卦为异卦相叠（兑下巽上）下卦为兑，兑为泽；上卦为巽，巽为风，泽上有风，风起波涌，君于居高临下，以诚信为本，施教于下，教化人民，所以卦名曰中孚。中孚，《杂卦》说："信也。"意为诚信。

② 豚鱼：小猪和鱼。古代重大的祭品是三牲：牛、羊、猪，小猪和鱼是薄物。有诚信，薄物也可以祭神，故吉。

【译文】

《中孚卦》：豚鱼献祭，虽物薄但心诚，吉祥。利于涉水过河。这是吉利的卜问。

《象》曰：中孚，柔在内而刚得中①，说而巽②，孚乃化邦也③。"豚鱼吉"，信及豚鱼也。"利涉大川"，乘木舟虚也④，中孚以"利贞"。乃应乎天也。

【注释】

① 柔在内而刚得中：本卦内两爻为阴，为柔，外四爻为阳，为刚，所以说："柔在内。"九二、九五阳爻，为刚，分别处于下卦、上卦的中位，所以说："刚得中。"

② 说而巽：本卦下卦为兑，兑义为悦；上卦为巽，巽义为逊。和悦而谦逊是中孚之卦的基本品质。

③ 孚乃化邦：孚，诚信。化，教化。邦，国。化邦，犹言改造全国人民的思想行为。

④ 乘木舟虚：本卦下卦为兑，兑为泽；上卦为巽，巽为木。刳木为舟，行于水上，也是本卦的卦象。虚，虚空中立。

【译文】

《象传》说：《中孚卦》，就是柔顺在内可以谦虚诚恳，刚健居外能够中正有信；其品质是和悦而谦逊。其教化作用可以施及整个邦国。"豚鱼献祭尚且吉利"，是说明诚信已遍及各种事物，甚至已到了小猪小鱼这些微不足道的小动物身上。"利于涉越大川大河"，是说凭着心中诚信去涉险渡难，就像乘木船渡河那样方便可行，自然平安畅达。心中诚信利于坚守中正之道，这是因为顺应了自然的规律。

《象》曰：泽上有风，中孚。君子以议狱缓死。

【译文】

《象传》说：《中孚卦》的卦象是兑（泽）下巽（风）上，为泽上有风，风吹动着泽水之表象。故称为中《孚卦》。君子应当效法"中孚"之象，德教为先，广施信德，慎重地审议刑法讼狱，不轻置重典。

初九：虞①，吉。有它不燕②。

《象》曰：初九虞吉，志未变也。

【注释】

① 虞：《公羊传·文公二年》何休注："虞，犹安神也。"即今所谓安葬。安神之礼，属丧礼。

② 有它不燕：它，意外之事。燕，安。

【译文】

初九：行丧礼吉祥。如果有意外发生，就会得不到安宁。

《象传》说：《中孚卦》的第一爻位（初九）说行丧礼，可以获得吉祥，是因为恭敬先人的志向没有改变。

九二：鹤鸣在阴，其子和之①。我有好爵②，吾与尔靡之。

《象》曰：其子和之，中心愿也。

【注释】

① 阴：树荫。和，应和。

② 爵：古人饮酒之器，形似小雀，即今所谓酒杯。

【译文】

九二：鹤在树荫下鸣叫，小鹤在旁边应和。我有醇香的酒浆，愿与你一同享用。

《象传》说：小鹤在旁边应和，说明它们表露了内心的意愿。

六三：得敌①，或鼓，或罢②；或泣，或歌。

《象》曰：或鼓或罢，位不当也。

【注释】

① 得：《说文》："得，取也。"得敌，犹言克敌。

② 罢：休，犹言班师。

【译文】

六三：击退了敌人，有的敲起战鼓追击，有的凯旋报捷；有的高兴得哭泣，有的放声高歌。

《象传》说：有的击鼓追击，有的凯旋报捷，但六三爻居位不正的缘故，胜利之中，恐怕隐藏着不测之祸。

六四：月几望，马匹亡，无咎。

《象》曰：马匹亡，绝类上也①。

【注释】

① 绝类上：杜绝类似上次的事情。

【译文】

六四：月中的时候，马匹丢失了，但无大的灾祸。

《象传》说：马匹丢失了，今后要杜绝类似事情的发生。

九五：有孚挛如①，无咎。

《象》曰：有孚挛如②，位正当也③。

【注释】

① 挛如：相串连的样子。

② 《象传》释"孚"为诚信。挛如，犹言相连一贯。

③ 位正当：此以九五爻象、爻位为据。九五阳爻居匕卦中位，是为位正当。

【译文】

九五：俘虏成群，串连捆绑。没有灾祸。

《象传》说：有诚信相连贯，是九五爻象显示的居位中正恰当。

上九：翰音登于天①，贞凶。

《象》曰：翰音登于天，何可长也？

【注释】

① 翰音：《礼记·曲礼》："鸡曰翰音。"鸡飞上天，这是以异象为占，古人以为鸡飞狗跳预示凶险。

【译文】

上九：鸡飞上天空，卜问得凶险。

《象传》说：鸡飞上天空，它怎么能够飞得长久呢？

小过卦第六十二

☷ 艮下
震上

【题解】

关于《小过》卦的含义，不是指小的过失，而是指小事可以超过，但超过的程度不宜过多。人们办事，有时为形势所迫，确实需要过正以矫枉，过中以求中。卦辞显示，小过有范围、有条件，一是宜下不宜上，要求顺应人情事理，不能自以为是；二是宜小不宜大，只适用于日常生活，不适用于国家大事。

小过[①]：亨，利贞。可小事，不可大事。飞鸟遗之音[②]，不宜上，宜下，大吉。

【注释】

① 小过：卦名。本卦为异卦相叠（艮下震上）。下卦为艮，艮为山；上卦震，震为雷。人过山顶，天上鸣雷，危险垂临，不可不惧。所以卦名曰小过。

② 《说卦》说："震为鹄。"（《释文》引荀爽《九家集解》有此句，今本无。）飞鸟过山，也是小过之卦象。

【译文】

《小过卦》：亨通，这是吉利的卜问。但只适宜于小事，不适宜大事。飞鸟留下悲鸣之声音，警诫人们：不应该向上强飞，而应该向下栖息，如此，大为吉祥。

《彖》曰：小过，小者过而亨也①。过以"利贞"，与时行也。柔得中②，是以小事吉也③。刚失位而不中④是以"不可大事"也。有"飞鸟"之象焉。"飞鸟遗之音，不宜上，宜下，大吉"，上逆而下顺也。

【注释】

① 小者过而亨：小错误关系不大，所以还是亨通。

② 柔得中：本卦六二阴爻，为柔，属下卦中位。像人才力虽弱，但能遵守正道。

③ 小事吉：京本作"可小事"，与经文合，当从。

④ 刚失位而不中：本卦九四阳爻为刚，居于阴位（第四位为阴位），是为赐失位。九三、九四阳爻，不居下卦、上卦的中位，是所居不中。

【译文】

《彖传》说：《小过卦》，是指小的过错，关系不大，仍能亨通。小的过错，但有利人之心坚守中正之道，就能适应当时的情况而行此道的。柔得中正之道，所以只适宜做小事。阳刚失去中正之位而不能守持中道，所以不能去涉足天下大事。此卦有飞鸟之象："飞鸟留下悲鸣的声音，警诫人们：不应该向上强飞，而应该向下栖息，如此，大为吉祥"，是说向上钻营攀附，违背天理，埋头去干一些寻常小事则会平安顺达。

《象》曰：山上有雷，小过。君子以行过乎恭，丧过乎哀，用过乎俭。

【译文】

《象传》说：《小过卦》的卦象是艮（山）下震（雷）上，为山上响雷之表象，雷声超过了寻常的雷鸣，故称为《小过卦》。君子应效法这一卦象因而行事不敢过分恭敬，居丧不敢过度悲哀，用度不敢过分节俭，唯适中而已。

初六：飞鸟以凶。

《象》曰：飞鸟以凶，不可如何也。

【译文】

初六：飞鸟向上强飞将会出现凶险。

《象传》说：飞鸟向上强飞将会出现凶险，是无可奈何之事。

六二：过其祖，遇其妣；不及其君，遇其臣。无咎。

《象》曰：不及其君，臣不过也①。

【注释】

① 《象传》释此句以君臣大礼，与经意有异。

【译文】

六二：错过他的祖父，遇到他的祖母；没有赶上国君，却遇着上臣僚，一定没有灾祸。

《象传》说：不能擅自越过君位，因为作为臣子是不能超越国君的。

九三：弗过，防之。从或戕之，凶。

《象》曰：从或戕之，凶如何也。

【译文】

九三：不要过分指责，但要制止他的错误发展，或是听任放纵，反而害了他，必遭凶险。

《象传》说：听任放纵反而害了他，说明面临的危险是多么严重啊。

九四：无咎①，弗过，遇之②。往厉，必戒。勿用永贞③。

《象》曰：弗过，遇之，位不当也。往厉，必戒，终不可长也。

【注释】

① 无咎：此处不是贞兆辞，犹言没有过错。

② 遇：犹迎面遏止。

③ 往厉，必戒，勿用永贞：厉，危险。往厉，犹言冒险。戒，警戒。永，长，这里指不远的将来。贞，卜问。

【译文】

九四：没有过错，不要指责他，但要防止发生错误。前去冒险，则必须立即加以警告，不用卜问以后的吉凶。

《象传》说：不要过分指责，但要防止发生错误，因为九四爻以刚居柔位，位置不正。前去冒险，必须加以警告，因为明知故犯，最终不多久还是要遭到凶险。

六五：密云不雨，自我西郊。公弋①，取彼在穴②。

《象》曰：密云不雨，已上也。

【注释】

① 弋：射鸟。

② 彼：指代野兽。本爻两句均为占事之爻卦。前者是旱占，后者是田猎之占。旱占还是无雨，田猎则有收获。

【译文】

六五：在我西郊的上空，乌云密布，但没有下雨。王公本是去射鸟，却在洞穴中捉到野兽。

《象传》说：乌云密布而不下雨，是因为云已上升了，故不能化雨。

上六：弗遇，过之，飞鸟离之①，凶，是谓灾眚。

《象》曰：弗遇，过之，已亢也②。

【注释】

① 离之：离，这里指遭遇。之，指代罗网。

② 亢：王肃云："穷高也。"已亢，此以上六爻象、爻位为据。上六阴爻居一卦之首，凌驾一切，喻小人放肆，猖狂已极。

【译文】

上六：不加制止，因而犯下过失，好比飞鸟钻入罗网，凶险，这叫作灾难。

《象传》说：不加制止，因而犯下过失，是说其人猖狂已极。

既济卦第六十三

䷾ 离下
坎上

【题解】

《既济》卦用江河已经渡过,比喻一切成功。卦中六爻,全部得位,而且彼此正应,象征事物处于稳定状态。值得注意的是,卦辞在说"亨"的同时,又说"初吉终乱",《象》传也说"终止则乱"。这种吉、乱并提的做法,反映了《易经》的深刻思想,认识到过程的结束不等于发展的停止,因此,安定里面潜藏着动荡,吉利背后隐藏着危机。应用到国家生活,就是人们常说的创业不易,守成更难。古人常说的《易经》的忧患意识,在《既济》卦里表现得相当明显。全卦六条爻辞,条条的基本精神都是以高枕无忧为戒。由此可见,《既济》卦的主旨是居安思危,忧患防患。

既济①:亨。小利贞。初吉,终乱②。

【注释】

① 既济:卦名。本卦为异卦相叠(离下坎上)。上卦为坎,坎为水;下卦为离,离为火。水处火上,水势压倒火势,救火之事

在告成功。所以卦名曰既济。既，已经。济，《尔雅·释言》："济，成也。"既济，犹言事情已经成功。

② 乱：变故。

【译文】

《既济卦》：亨通，卜向有小利。起初吉利，最后将发生变故。

《象》曰：既济，"亨"，小者亨也。"利贞"，刚柔正而位当也①。"初吉"，柔得中也②。"终"止则"乱"，其道穷也③。

【注释】

① 刚柔正而位当也：本卦上卦为坎，坎为阴卦，为刚；下卦为离，离为阴卦，为柔，刚上柔下是"刚柔正"。初九、九三、九五均为阳爻，居阳位；六二、六四、上六均为阴爻，居阴位，是刚柔"位当"。

② 柔得中也：本卦六二阴爻，为柔，处下卦中位，是"柔得中"。

③ 其道穷也：本卦上六阴爻处于一卦之尽头，像臣子权势太盛，终于陷入穷困之地。

【译文】

《象传》说：《既济卦》，意思是小事亨通。"有利于坚守正道"，是因为无论刚柔皆居正位。"起初吉利"，说明柔小者也能像刚健者居于中位不偏倚。"最后将发生变故"，说明事物发展到了极限，便会趋向衰落困穷。

《象》曰：水在火上，既济。君子以思患而豫防之①。

【注释】

① 豫：借为预。

【译文】

《象传》说：《既济卦》的卦象是离（火）下坎（水）上，为水在火上之表象。水上火下，水浇火熄，故称为《既济卦》。君子观此卦象，从而应有远大的目光，在事情成功之后，就要考虑将来可能出现的种种弊病，防患于未然，采取预防措施。

初九：曳其轮①，濡其尾②，无咎。

《象》曰：曳其轮，义无咎也。

【注释】

① 曳：拉，拖。

② 濡：沾湿。

【译文】

初九：拉住车的轮子，沾湿车子的后部，没有灾祸。

《象传》说：拉住车的轮子，理应没有灾祸。

六二：妇丧其茀①，勿逐，七日得。

《象》曰：七日得，以中道也。

【注释】

① 茀：汉帛书《周易》作发。茀、发均借为髴，头巾。

【译文】

六二：妇人丢失了头巾，不用去寻找，过不了七天就会物归原处。

《象传》说：过不了七日就会物归原处，说明此时正处于中位，坚守正道，所以丢了的东西可以失而复得。

九三：高宗伐鬼方，三年克之①。小人勿用。

《象》曰：三年克之，惫也。

【注释】

① 高宗伐鬼方：高宗，名武丁，庙号高宗，盘庚后第三代。鬼方，国名，严允部落之一。

【译文】

九三：殷高宗武丁征伐地处西北的鬼方国，经过三年的连续战斗才获得胜利。筮遇此爻，不可重用小人。

《象传》说：经过三年的连续战斗才攻克了鬼方国，说明战争非常激烈又持续了三年之久，已经精疲力尽了。

六四：繻有衣袽①，终日戒。

《象》曰：终日戒，有所疑也。

【注释】

① 繻有衣袽：王弼说："繻宜曰濡，衣袽所以塞舟漏也。"袽，《说文》作絮。古无棉花，富者以乱丝为絮，贫者以乱麻为絮。

【译文】

六四：渡河的时候，为了防止船漏水，事先要准备破布棉絮，而且整天保持戒备，以防止发生灾祸。

《象传》说：整天保持戒备，以防止灾祸的发生，说明此时心中疑虑重重。

九五：东邻杀牛，不如西邻之禴祭①，实受其福。

《象》曰：东邻杀牛，不如西邻之时也②。实受其福，吉大来也。

【注释】

① "杀牛"下，汉帛书《周易》有"以祭"二字。古代祭名。这里的东邻、西邻当指殷人与周人。

② 时：《广雅·释诂》："时，善也。"

【译文】

九五：东边殷人杀牛宰羊来举行盛大祭礼，不如西边周人举行简单而朴素的祭祀，这样才能实在地得到神降赐的福分。

《象传》说：东边的殷人杀牛宰羊来举行盛大的祭礼，不如西边举行虔诚简单的祭祀用意美善。周人得到上天神灵降赐的福分，说明此时正当其位，吉祥福分将不断降临，非常幸运。

上六：濡其首，厉。

《象》曰：濡其首，何可久也？

【译文】

上六：涉水过河时弄湿了头，有危险。

《象传》说：涉水过河时弄湿了头，怎能待得长久呢？

未济卦第六十四

☲ 坎下
离上

【题解】

《未济》卦以河未渡过，比喻尚未成功的状态。本卦紧接在《既济》之后，卦象是上火下水，正好与《既济》相反，六爻性质也同样彼此相反。这一切与《既济》上六爻辞联系起来，似乎表明《易经》作者认为：新时期开始在旧过程之中，新旧之间没有不可逾越的鸿沟。对于这个充满未知数的新的发展时期，《未济》表明了一种见解：卦中下三爻，代表面临的困难极多，爻辞主张量力而行，反对冒险盲动；上三爻表示情况已有好转，爻辞力主艰苦进取，反对沉缅于享乐。这种见解的基本精神，是强调发挥人的主观能动性。

未济[①]：亨。小狐汔济[②]，濡其尾。无攸利。

【注释】

① 未济：卦名。本卦为异卦相叠（坎下离上）。上卦为离，离为火；下卦为坎，坎为水。火处水上，火势压倒水势，救火之事，大功未成。所以卦名曰未济，此卦与既济卦构成一个相对统一的组卦。《周易》六十四卦，为乾、坤两卦开始，以既济、未济两

卦结束。乾坤蕴，万物生化，繁衍不已，变化不息。既济、未济，代谢无疆。六十四卦这一种编排组合，是《易经》变化发展思想突出的反映。

② 汔济：汔，声假作几，将要。济，渡水。

【译文】

《未济卦》：亨通。小狐狸快要渡过河，却浸湿了尾巴。看来此行无所利。

《象》曰：未济"亨"，柔得中也①。"小狐汔济"，未出中也②。"濡其尾，无攸利"，不续终也。虽不当位，刚柔应也③。

【注释】

① 柔得中：本卦六五之爻为阴爻，为柔，居上卦中位，是阴柔得位。

② 未出中：犹言所行不合事理。此句针对"小狐汔济"而言，比喻庸才任重事，必至中途颠仆。

③ 虽不当位，刚柔应也：本卦初六、六三、六五均为阴爻，而居阳位，是"不当位"。但是九二、九四、上九均为阳爻，为刚，与三阴爻相互呼应，所以说"刚柔应"。

【译文】

《象传》说：《未济卦》，有亨通之象，因为柔弱者善于顺从并能居于中位不偏倚。"小狐狸快要渡过河"，但还在水里，处在危险之中。"小狐狸的尾巴被河水浸湿了。所行无所利"，说明虽然经过努力想促使事情成功，但不能持续下去，最终没有什么吉利。《未济卦》的全部爻位都不正当，但若能使刚柔相济，则还是能够成功的。

《象》曰：火在水上，未济。君子以慎辨物居方①。

【注释】

① 辨物居方：俞樾说："辨物者，分别其物品也。居方者，处置其方位也。"

【译文】

《象传》说：《未济卦》的卦象是坎（水）下离（火）上，为火在水上之表象，火在水上，大火燃烧，水波浩浩，水火相对相克，故称为《未济卦》。君子此时要辨别事物的本质，审视其方位。

初六：濡其尾①，吝。

《象》曰：濡其尾，亦不知极也②。

【注释】

① 尾：承上卦当指小狐狸之尾巴。
② 极：《周易集辞》："极，中也。"中指正确。

【译文】

初六：小狐狸渡河时被水浸湿了尾巴，会有麻烦。

《象传》说：小狐狸渡河时被水浸湿了尾巴，说明其不知道正确的渡河方法而急躁冒进，结果招致麻烦。

九二：曳其轮，贞吉。

《象》曰：九二贞吉，中以行正也①。

【注释】

① 中以行正：此以九二爻象、爻位为据。九二居下卦中位，

卦结束。乾坤蕴，万物生化，繁衍不已，变化不息。既济、未济，代谢无疆。六十四卦这一种编排组合，是《易经》变化发展思想突出的反映。

② 汔济：汔，声假作几，将要。济，渡水。

【译文】

《未济卦》：亨通。小狐狸快要渡过河，却浸湿了尾巴。看来此行无所利。

《象》曰：未济"亨"，柔得中也①。"小狐汔济"，未出中也②。"濡其尾，无攸利"，不续终也。虽不当位，刚柔应也③。

【注释】

① 柔得中：本卦六五之爻为阴爻，为柔，居上卦中位，是阴柔得位。

② 未出中：犹言所行不合事理。此句针对"小狐汔济"而言，比喻庸才任重事，必至中途颠仆。

③ 虽不当位，刚柔应也：本卦初六、六三、六五均为阴爻，而居阳位，是"不当位"。但是九二、九四、上九均为阳爻，为刚，与三阴爻相互呼应，所以说"刚柔应"。

【译文】

《象传》说：《未济卦》，有亨通之象，因为柔弱者善于顺从并能居于中位不偏倚。"小狐狸快要渡过河"，但还在水里，处在危险之中。"小狐狸的尾巴被河水浸湿了。所行无所利"，说明虽然经过努力想促使事情成功，但不能持续下去，最终没有什么吉利。《未济卦》的全部爻位都不正当，但若能使刚柔相济，则还是能够成功的。

《象》曰：火在水上，未济。君子以慎辨物居方①。

【注释】

① 辨物居方：俞樾说："辨物者，分别其物品也。居方者，处置其方位也。"

【译文】

《象传》说：《未济卦》的卦象是坎（水）下离（火）上，为火在水上之表象，火在水上，大火燃烧，水波浩浩，水火相对相克，故称为《未济卦》。君子此时要辨别事物的本质，审视其方位。

初六：濡其尾①，吝。

《象》曰：濡其尾，亦不知极也②。

【注释】

① 尾：承上卦当指小狐狸之尾巴。

② 极：《周易集辞》："极，中也。"中指正确。

【译文】

初六：小狐狸渡河时被水浸湿了尾巴，会有麻烦。

《象传》说：小狐狸渡河时被水浸湿了尾巴，说明其不知道正确的渡河方法而急躁冒进，结果招致麻烦。

九二：曳其轮，贞吉。

《象》曰：九二贞吉，中以行正也①。

【注释】

① 中以行正：此以九二爻象、爻位为据。九二居下卦中位，

像人行事，合符中正之道。

【译文】

九二：向后拖拉车轮。卜问得吉祥。

《象传》说：九二爻辞讲之所以可获吉祥，是因为九二阳爻处下卦中位，像人行事遵循正道。

六三：未济，征凶，利涉大川①。

《象》曰：未济、征凶，位不当也。

【注释】

① 高亨说："利上当有不字，转写脱去。（讼云：'不利涉大川。'此文当与彼文同。）"当据补。

【译文】

六三：渡不了河，出行有凶险。不利于涉水渡河。

《象传》说：渡不了河出行有凶险，说明此时所处的位置不当。

九四：贞吉，悔亡。震用伐鬼方①，三年，有赏于大国②。

《象》曰：贞吉，悔亡，志行也。

【注释】

① 震用伐鬼方：震，高亨说："震，当是人名，周君或周臣也。"李镜池说："震，动。"译文从李说。伐鬼方，参阅前卦"高宗伐鬼方"注。

② 大国：指殷国。

【译文】

九四：卜问吉祥。没有悔恨。出兵去征讨鬼方国，经过三年的激烈战斗终于得到了胜利，获得殷国的奖赏。

《象传》说：卜问吉祥，没有悔恨，说明志得意满。

六五：贞吉，无悔。君子之光，有孚，吉。

《象》曰：君子之光，其晖吉也①。

【注释】

① 晖：意义同辉。《释文》："晖，又作辉。"孔颖达说："象曰：'其晖吉'者，言君子之德，光辉著见，然后乃得吉也。"

【译文】

六五：卜问吉祥，没有悔恨。君子的光荣，是因为打了胜仗，捕获了俘虏，吉利。

《象传》说：君子光荣，光明正大，自然吉利。

上九：有孚于饮酒，无咎。濡其首。有孚，失是。

《象》曰：饮酒濡首，亦不知节也。

【译文】

上九：捕获了俘虏而饮酒作乐，没有什么灾祸。纵情滥饮，被酒淋湿了头。那么虽捕获俘虏而有功劳，亦是不对的了。

《象传》说："饮酒濡首"，也是不知道节制。